별 세다 잠든 아이

귀 하

◆ 지도교수

김순진

2015년 1학기 재학생 명단

곽구비

고보희

김계화

김근숙

김만순

김매절

김무늬

김상선

김석중

김선영

김수영

김태경

김태연

김태호

노지윤

박현웅

배은숙　백운수　손정애　신형자

심상영　오연복　윤갑희　윤경옥

윤 정　이병옥　이형근　임진환

전하라　정 아　조은숙　최문옥

추민희　한상현　황선양

2015년 1학기
추억의 페이지를 넘기며

▲ 개강식

▲ 스승의날

▲ 김순진 교수님의 생일날

▲ 고양시 꽃박람회에서

▲ 서울 남산 산행

▲ 제47회 스토리문학관 정기 시낭송회

▲ 수업 후 교정에서

▲ 백운수 사진, 김순진 시 『박살이 나도 좋을 청춘이여』 출판기념회

▲ 백운수 사진전시회

▲ 졸업여행 – 주전골 앞에서

▲ 졸업여행 – 낙산사에서

▲ 졸업여행 – 백담사 다리에서

고려대학교 평생교육원 시창작과정

2015년 1학기 엔솔로지

심상영 外

문학공원

<발간사>

목표를 가지고 좀 더 치열하게

금년은 제가 고려대학교 평생교육원 시창작과정에서 강의를 시작한 지 5년째입니다. 이는 4년제 대학 학부 학생들을 졸업시키고 새로운 신입생을 받은 것과 같은 햇수입니다. 그간 이곳에서 공부하신 수많은 분들이 등단을 하시고 책을 내셨습니다.

그간 이곳에서는 연인원 102명이 공부를 하였으며 권금주, 권영춘, 권은중, 고보희, 김기원, 김매절, 김방주, 김사랑, 김상호, 김석중, 김선영, 김옥남, 김정례, 김정태, 김종길, 김종우, 김태연, 김태영, 김태호, 김하늘, 김호연, 김현희, 노지윤, 류명남, 맹숙영, 박승연, 민홍기, 소상호, 송옥임, 손문자, 신형자, 심국신 심상영, 안정심, 양수연, 원청자, 오두영, 오운교, 유희수, 이숙자, 이원용, 이윤수, 이후재, 장춘선, 정명희, 정 아, 전하라, 추민희, 한상현 님 등이 등단을 하셨고 올 가을에는 김무늬, 이병옥, 최문옥 님이 등단을 하실 예정으로 모두 52명의 등단 시인를 배출하는 셈입니다. 또 권영춘, 김상호, 김태연, 김태영, 류명남, 맹숙영, 박승연, 소상호, 송옥임, 안정심, 이병옥, 이원용, 이윤수, 정명희, 전하라, 전호림, 추민희 님 등 16분은 시집이나 수필집을 내시기도 했습니다. 여기 저기 각종 공모전에서 상을 타신 분도 많습니다. 이를 미루어 볼 때 고려대 평생교육원 시창작과정은 이제 우리 문단사에서 거스를 수 없는 현상이 되어갑니다.

그간 우리는 엔솔로지 『모순된 말씀』, 『하늘포목점』, 『겨울을 위한 소설』, 『새는 날고 꽃은 피어』와 함께 이번에 출간되는 엔솔로지 『별 세다 잠든 아이』 등 다섯 권의 엔솔로지를 출간하기에 이르렀습니다. 그밖에도 시화전을 네 번이나 전시하였고, 영월 주천연꽃문화제, 해인사 팔만대장경, 지리산 천상병문학제, 군산 새만금방조제 및 부안 채석강, 포천문학기행, 속초졸업여행 등 수없이 많은 문학기행도 가지면서 우애를 돈독히 해왔습니다.

삶은 목표가 아니라 과정이라 했습니다. 그러나 목표를 가지고 즐기는 사람은 기쁨의 척도가 다릅니다. 우리는 그간 수많은 것을 해내고 이루어 왔지만 신춘문예 당선자를 내지 못하였습니다. 이에 저는 금년을 시작으로 수년 내에 우리 고려대학교 평생교육원 시창작과정 출신들 중에 많은 당선자가 나오리라 확신합니다. 목표를 가지고 좀 더 치열하게 공부해주세요. 좀더 치열한 생각을 가지고 시를 써주세요. 신춘문예당선자, 그거 이마에 뿔 달린 이상한 사람들이 하는 것 아닙니다. 모두 우리처럼 열심히 공부해온 사람들이 얻는 영광입니다.

이제 저는 여러분께 주문합니다. 이렇게 많은 사람들, 이렇게 좋은 사람들과의 인연을 그냥 스쳐 지난다는 것은 큰 손해라는 생각이 듭니다. 정말 좋은 인맥입니다. 지금 여러분은 여러분 인생에 있어 최상이 시대를 살고 계십니다. 이러한 때에 서로에게 힘이 되어줄 최고의 사람들과 만난다는 것은 그만큼 여러분 자신을 업그레이드 시켜줄 수 있는 크나큰 장점을 가지셨다는 말로도 풀이됩니다. 부디 여러분들이 탄탄하고도 화목한 동문회를 만드셔서 운영하신다면 저는 더 바랄 나위가 없겠습니다. 여러분, 모두 존경하고 사랑합니다.

2015년 7월 22일 출판기념회에 즈음하여

김 순 진 올림

CONTENTS

3부 연초록빛에 젖어

4부 새벽을 깨우다

지도교수 초대시

와불을 만나다 외 2편

김 순 진

백담사 계곡에 들렀다가 수천 개의 돌탑을 보고 충동이 일어 탑을 쌓는다
계곡에서 가장 높은 탑을 쌓으려 욕심을 부린다
세숫대야만한 돌 세 개를 주워다 주춧돌을 놓는다
내 힘으로 굴릴 수 있는 가장 큰 돌 굴려다 1층을 올린다
찬 물에 들어앉아 가부좌를 틀고 수도중인 부처
돌이불에 석침을 베고 주무시는 부처
건천에 나와 비람과 벗하며 유랑 중인 부처
계곡을 오르내리며 잘생긴 부처들을 선발한다
크기별로 순서에 따라 돌을 들어올리고 작은 굄돌을 주워 받친다
작은 돌들은 밑에 깔려서도 전혀 주눅 들지 않는다
돌탑이 올라갈 때마다 사람들의 이목이 집중된다
내가 우쭐대며 오십억 살 위에 오십억 살을 올리길 수차례
오십억 살이 넘은 부처들을 겨우 오십살 넘은 녀석이 번쩍번쩍 들어올려도
투덜거리거나 뛰쳐나가지 않고 스스로 참선에 든다
그렇게 소원을 빌며 쌓아올린 13층석탑
결국 정수리에는 가장 가볍게 비운 부처가 올라앉는다

>

돌탑 쌓기를 마치고 멀찌감치 다리에 서서 바라보았다
그랬더니 바람도 부처 산천어도 부처 나무도 부처
그곳에 있는 모든 것이 부처인 줄 모르고 탑을 쌓고 있었던 거였다
계곡 전체가 열반에 드신 와불이었던 것이다

생각

퇴근길 동남쪽 45도 각도에 여인의 배부른 달 하나 떠 있다
신혼시절 배부른 아내의 군것질값도 해결치 못하고
단칸방에도 큰소리치던 생의 각도가 달의 이면에 이첩되어 있다
나보다 앞서가는 긴 그림자가 도시의 불빛에 산란한다
한창 산란기에 접어든 물고기들이 뭍 가장자리를 찾을 즈음
횃불을 들고 그들의 산란을 포획하던 뒷집 형님은 생의 각을 잃은지 오래다
신설동에 있던 달이 어느새 나와 함께 지하철을 타고와 녹번역에 내렸다
쑥을 키우던 달이 낮부터 안팔리던 노점 쑥무더기에 비친다
모래가 사월 초하루인데도 대보름 때 팔던 차좁쌀과
중국산 마른 고사리를 함께 펴 놓은 소방소 앞 노점
쑥쑥 자라는 손자와 쑥쑥 늘어가는 근심을 생각 없이 비추며 쑥쑥 자라는 달
생의 각도는 늘 모퉁이를 가지며
생의 각도는 늘 모퉁이를 닳아 없앤다
달은 7019번 지선버스로 환승해 따라온다
나는 누이동생의 생일에 대하여 달력의 동그라미처럼 무심하고
손위처남의 생일을 달콤하게 까먹는다
달 모퉁이 어느 선술집에 들러 달달한 소주 몇 잔 털어부은 나는

봄의 탈환을 타전하는 달에게 포로가 된 채 끌려다닌다
웅암동은 군데군데 목련꽃초소 불빛이 조요롭고
개나리꽃사슬로 경비가 삼엄한데

콩새네 집

1967년 연곡리 산 142번지 산자락에
콩새네가 이사온 것은 화전이라도 일궈 부쳐먹고 싶어서였다
꽃무릇 뿌리를 삶아 연명하고
칡이나 씹는 것이 끼니꺼리였던 그 집
외동딸은 영양실조로 밤이면 앞을 보지 못했다
부녀회 작목반이 기르는 뽕나무밭 사잇길을 쓰러질 듯 걸어가는 아이
저 콩새같이 가느다란 다리로 낭창낭창 걸어가는 앤 뉘집 아이야
그때부터 그집은 콩새네로 불리었다
아침이면 콩새들의 조잘거림을 빈 솥에 안치는 집
돌담불 울타리에 핀 메꽃 웃음을 점심으로 먹는 집
방죽 위로 드리운 저녁노을을 밥상으로 펼치는 집
하얀 얼굴로 낭창낭창 걷던 콩새는
어느 날 즐거운 방학생활 책갈피 속으로 들어가고
전학 간 그 아이는 우리들 가슴에 사는 텃새가 되었다

1부

밤하늘에 그려진 행복

회전초밥집에서 회전을 꿈꾸다 외 2편

곽 구 비

운현궁 근처 회전 초밥 집에 들렀다
빙글빙글 회전하는 쌀 위로 생선을 굴리며 회전하는 초밥이다
젓가락이 회전하더니 회전판 위에서 초밥을 낚아 다
목을 타고 회전한 초밥이 10분간 지났을 때다
회전하면 안될 김밥이 초밥인양 올라와 회전한다
시든 목련꽃잎을 꽉 잡고 늘어진 운현궁 뒤뜰로 회전나온 흥선대원군을 만났다
깊숙이 묻어둔 오래된 나물이 먼지를 날리며 수돗가로 회전하러 나온다
장금이 눈빛이 불쏘시개 부치는 시늉하자
마당쇠는 발바닥 부리나케 회전한다
뜰 안으로 청나라 군사가 들이닥쳐 대원군을 잡아갈 기세다
어린 고종이 노송 위로 올라 새총으로 봄을 쏴 날리자
미처 짚신도 꾸리지 못한 봄이 청나라로 회전한다
모란잎이 갑자기 고종을 향해 꽃잎을 치켜들더니 역사는 그대로 회전한다
몇몇 별자리들이 쇠락하는 기둥을 붙잡고 회전하는 밤이다
운현궁 담벼락 밑에 교묘히 감춘 실외기는
사도세자가 회전해서 다시 온 건가 의아하다
세상이 뒤죽박죽 뒤주인지 뒷간인지 회전이 안 돌아간

틈으로 한낮의 졸음이 내 머리의 회전을 먹는다

대륙으로 헤엄쳐 나온 꿈

사십년을 가슴에 품은 꿈을 향한 열정은
열시 수업시간보다 몇 시간 앞서 나온다
새벽 능선에 앉아있던 달님이 어제 속으로 걸어가면
역 주변 화분 속 생화가 벌떡 일어나 아름다운 색깔로 다급히 향기를 불러 모은다
악어가 토해낸 수천마리의 물고기들이 순식간에 각자의 대륙으로 헤엄쳐 들어간다
에스컬레이터에 몸을 뉘이고 또는 계단으로 파닥파닥
파닥파닥 목적을 향한다
갈아타는 6호선 일찍부터 빤히 대문도 없는 옷가게가 손짓한다
바게트와 짝을 맞춘 아메리카노까지 야무지게 피한다
내 이름을 호명한 듯 꼭 대답이라도 하고 싶은 역에 이르면 눈을 희망 속에서 꺼낸다
다음 역은 열정 꿈을 노래하는 역입니다
나는 빨간 금붕어 되어 헤엄쳐온 거리의 열정에 대하여 한참을 뻐끔거린다
마중 나온 교통카드 단말기가 먼저 인사를 한다
무얼 훔치려 저 빤한 유리문을 앞머리로 밀치고 들어가려는지 묻는다
물고나올 먹이를 향한 집념으로 내가 오늘 있을 곳으로

지느러미를 파닥인다
익숙한 것들이 때론 낯설어지는 날 있다
왼편으로 갈 방향키를 돌려 잠시 오른편 계단에 앉았다
주먹을 쥐었던 손바닥을 펴 읽어 낸다
암호 같은 어법들을 내 몸속에 접어넣는다
한걸음만 늦춰도 기대어 잠시 채워 넣을 허공 한 줌은 달큰하다
저만치 희망이 나방처럼 하늘위로 오른다
책갈피 사이에 끼어 아직 나오지 않은 나의 목적에게 말한다
꽁꽁 얼어 철문이 열리지 않는 날에도 나는 뜨거운
아가미로 그 문을 열려한다

햇빛이 강하게 머리에서 가슴을 타고 흐르면
아침에 나온 그 바다로 돌아가야 할 시간이다

베란다 건너편 하늘

기지개를 펴며 베란다 커튼을 엽니다
밤새 안녕하셨지요
고개를 들어 하루는 펴는 당신을 기다렸네요
숲으로 나가지 않고도 꽃의 두런거림을 알려주신 당신
내게 소리를 지르고 멀어진 비행기와 까불랑거린 참새
몽실몽실 거리는 솜사탕 들을 당신은 행복해합니다
따스하고 아름다운 당신을 봅니다
목련이 피어나고 있는지 몹시 궁금해할 내게 당신은
멀리 수목원의 숲속향을 실어다 줍니다
당신이 그림자 들을 일렬로 세우면
시장바구니를 펄럭이며 나가봐야할 시간입니다
나의 하루를 위해 온종일을 지켜내는 당신
투명한 공기를 몰아 온도를 높입니다
나를 위해 장미꽃을 빨리 피어나게 하고 싶어 합니다
당신이 행복해질 때까지 나의 미소를 날마다 보내드릴게요
내가 잠든 사이 비바람칠거라고 소근거리더라며
별무리와 달님이 전해주더군요
까다로운 내 성미에 맞춰 또르륵또르륵 예쁜
장단으로 내려줄 거라 말합니다
이 밤도 나는 당신을 꿈꾸며 하늘비행에 오르네요

갈대의 추억 외 2편

고 보 희

월남민의 생활 1950년대 초 쌀을 조금 구했다
땔감 부족으로 잔디 뿌리까지 남아나지 못하던 시절
쌀이 있어도 나무가 없으니 밥을 먹을 수 없었다
살고 있는 판잣집 벽을 뜯어 불을 지피기도 했다
그것도 한 두 번이지 나무가 없어 밥을 지을 수가 없다
사리 때 인천 바다로 향했다
군부대 철조망 부근의 갈대밭
어설픈 낫질에 미끈미끈 베어지지 않는다
보초병은 안타깝다는 듯 내려다보고 있다
조급한 마음은 갈대 몇 번 자르다 내 새끼손가락을 자른다
아픈 것보다 당황하고 두려운 것이 앞선다
치마를 찢어서 졸라맨다
마음은 더 조급해 진다
고랑으로 물이 슬슬 들어오고 있는 듯하다
내 살을 깎으며 갈대 한 짐 베어 지고
헉헉거리며 빠져나온 인천 용현동 갯벌
그 후 낫만 보면 아린 추억에
눈앞이 아른거린다

삼팔선

학교가려고 나서는 나에게 어머니는

오늘 동생들과 이남으로 간다 나를 따라 가려면 야간 학습은 하지 말고 오너라

안 오면 안 가는 것으로 알겠다 언니가 공부는 시켜줄 것이다라 한다

황해도 해주에서 이남으로 갈 결심을 하신 어머니 말씀

오전에는 공부하는 것으로 마음을 정했다

저녁 수업이 시작되기 직전 불안해지기 시작한다

책가방 주섬주섬 뒷문으로 도망치듯 빠져 나온다

친구들은 왜 책가방 가지고 가니 묻는다

그것이 친구들과 마지막이 될 줄이야

이미 대문 밖으로 출발한 식구들

사람이 있는 것처럼 전깃불 켜 놓은 채 뒤돌아보고 또 한 번 돌아보고 고향집을 떠났다

38선 부근에 머물다 야밤에 숨죽여 걸었다

인적 없는 산골 숨죽이며 가랑잎 밟는 소리가 온 산으로 울려 퍼진다

안내자 영감이 엎드리면 우리도 같은 자세로 엎드린다

기침을 하고 일어나면 우리도 일어난다

어이가 없다 말보다 행동을 따라 하며 걷고 또 걷는다.

갑자기 창을 든 인민군 5,6명이 뛰어 나온다 우리는 전원 포위 되었다
목에 창을 들이대며 찌를 듯이 죽여라 죽여 긴장은 고조 된다
차라리 올 것이 왔구나
그 후 수용소로 몇 번 이동하며 죄수취급을 당한다
소금물에 뭉친 주먹밥을 조석으로 준다
그것도 이동이 많아 때를 놓치면 굶는 날이 많다
천신만고 끝에 큰언니가 밥을 수용소로 넣어주었다
십 여일을 찾아다닌 큰언니의 눈물어린 먹거리다
수용소 안의 전원이 손을 내민다
조금씩 나누어 먹었고 깍두기 국물만 남았다
한 청소년이 '그것은 저를 주세요' 한다
짜고 매울 터인데…
수줍은 그 학생에게 밥 한 술 줄 것을

죽을 때까지 잊혀지지 않는 안타까운 추억이다

온몸으로의 기도

- 꽃동네로 간 정든 가정부할머니를 위하여

슬픔에 절어 눈이 흐려진다
후들후들 외다리로 세월의 강을 건넌다
저승으로 내려가는 길목
지팡이 자식 삼아 흘러온 꽃동네
월세방 손때 묻은 블록들 훌훌 털고
동정의 눈길로 바라보는 이웃과 작별 한 후
생소한 삶 시작되었다
썩는 냄새 때문에 코를 막아야 하는 방
온기 없는 복도에서 힘겨운 잠을 잤다
한겨울 지나 다시 겨울 올 즈음에야
모든 갈등 벗어버리고
당신보다 낮은 곳으로 마음 열게 되었다
구겨진 기저귀 손다리미로 정성껏 구김살 펴고
나에게는 이것이 필요 없이 살다 가게 하소서
마음속으로 수천 번 되 뇌이면서
팔순 넘어 알게 된 신앙 어두움을 밝힌 작은 촛불
저 외로운 숲속 길에서 슬기를 깨친 이여
지폐 몇 장 쥐어주며 거친 손 마주 잡았다
의족에 몸 실고 손 흔들며 배웅하는 당신
녹음에 묻힌 산허리 돌아 무거운 걸음 옮겼다

가로등 순정 외 2편

김 근 숙

그는 칠흑 같은 터널 속을 걸을 때 비로소 행복해진다
그는 짙은 어둠만을 짝사랑하는 순애보다
소곤대는 애교장이 별들, 우아한 달빛이 간지러운 밀어로 다가
온다
한여름밤 반딧불이가 색시한 엉덩이를 살랑거려도
겨울철 새하얀 눈빛이 뽀얀 속살을 보이며 유혹해와도
난폭한 거미가 덫을 치고 거칠게 공격해 와도
강렬한 빛이 레이저를 쏟아 부어도
어둠을 향한 정열의 눈빛은 강해질 뿐이다
그는 어둠만을 바라보는 순진무구한 순정파이다

그만 애절하게 기다리는 어둠이 그리워서 눈을 감아본다
그만 의지하여 걷는 행복한 발걸음 소리에 귓속이 시원해진다
그의 밑에서 사랑의 밀어를 속삭이는 부드러운 몸짓이 아련하다
뜨거운 한여름 밤 벌레들의 불협화음 합창소리가 요란하다
갈길 모르고 방황하는 발걸음에게 긴 빛의 길을 마련해준다
아! 도시는 그의 어둠을 서서히 흡수하고 있다
이제 그는 귀향의 길을 택하여야만 한다

시와 꽃의 시소게임

달팽이와 꽃송이가 아옹아옹 놀이터에서 행복한 술래놀이에 빠져있다

꽃송이는 창공으로 솟아오르는 꽃무리 틈에 깊이 숨는다
두둥실 흰 구름과 살랑살랑 봄바람의 은밀함에 빠져든다
사뿐히 올라앉는 자태는 고고한 꽃이 되어 맘껏 뽐내고 있다
향기 따라 찾아온 나비, 꿀벌에게 사랑의 밀어를 속삭인다
꽃향기 넣은 분무기로 황홀한 하늘이불을 깔아놓는다
오만한 꽃송이는 더 높이 치솟아 열매의 향기를 뿌려 무지개 다리를 놓는다

눈감고 숨죽이고 있던 기다림의 속삭임이 땅속에서 꿈틀거린다
햇빛과 달빛, 꽃들을 짝사랑하던 느린 기다림은 큰 기지개 몸짓을 한다
가벼운 미소로 수정구슬에게 상큼한 눈의 기쁨을 건넨다
숨어있던 바람이 서서히 온몸에 스며들어와 팔을 펼친다
충만한 고요는 새벽의 정적을 깨우고 땅과 풀 냄새에 취해 서서히 솟아오른다.

하늘 높이 솟아있던 꽃무리는 눈앞에 또 다른 설레임을 인식한다

꽃의 향기로 기다림의 속삭임을 구름의 언어로 기쁘게 감싸 안아준다

하늘에서 종달새, 지빠귀, 꽃들의 하모니가 울려 퍼진다

균형이룬 하늘은 향기로운 호흡으로 아침 해에게 인사를 나눈다

아름다운 저울질이 오르락내리락 하늘이 온통 꽃과 기다림의 언어로 가득하다

숲속 오 자매와 육 형제

겨우내 그리움에 사무쳤던 산 숲속 길에게 데이트을 청한다
지루하고 높게만 느껴졌던 긴 계단을 가볍게 뛰어 오른다

살랑이는 바람은 오 자매와 육 형제를 몰고와 행복의 미소로 춤을 춘다
산당이 때죽이 찔레 산딸기 아카시 5자매와 기쁨의 인사를 나눈다
산당이는 팔다리를 사방으로 펼치며 반겨준다
때죽이가 우아한 드레스차림에 발레춤으로 나풀거린다
찔레는 멀리서 향기로 사랑의 환희를 보낸다
산딸기는 잉태하려는 몸짓으로 힘겨운 인사를 한다
멀리서 눈인사만 하던 아카시와 진한 입맞춤을 나눈다

도토리나무 육형제는 산 숲속에 옹기종기 모여살고 있다
맏이 떡갈이부터 갈참이 신갈이 굴참이 상수리에 막내 졸참이까지 정겹다
떡갈이가 먼저 달려와 덩치 큰 몸으로 힘껏 껴안는다
늘 둥글둥글 성격 좋은 맏이답게 늠름하다
갈참이는 아담한 외모와 긴 목으로 우아하게 다가온다
신갈이는 자기 몸으로 신발 밑창을 만들어주는 센스장이다

굴참이는 자기를 희생하여 집을 지어주는 속 깊은 효자다
상수리는 옛적 임금님의 수라상에 있었다고 지금도 자랑질이다
막내 졸참이는 여전히 귀여운 애교장이로 사랑의 하모니다

육형제의 엄마는 오늘도 숨이 가쁘게 삶의 터전에서 발바닥이 뜨겁다
지친 엄마는 요즘 치매기가 있어 집을 찾지 못한 채 서성거린다
귀한 양식을 저장해 놓고 깜빡깜빡하신다
이곳저곳 다니면서 흔적의 씨앗을 뿌리신다
육형제는 또 다른 육형제 때문에 전세 월세도 부족상태다
온통 육형제 세상에 숲속은 시끌시끌하다
맏이 떡갈이는 삶의 무게에 어깨가 무겁다
그사이 진딧물과 응애[1])가 침입하여 떡갈이를 위협해온다
오형제 동생들, 갈참이는 뾰족 화살로 신갈이는 깔창으로
굴참이는 방패로 상수리는 권위로 졸참이는 위트로 형을 지킨다
산 정상에는 승리의 깃발이 펄럭거린다
자유로운 몸짓의 나래가 펼쳐진다
숲속은 오 자매, 육 형제 웃음소리가 하늘을 찌른다

1) 응애 : 절족동물인 거미강, 몸길이가 1~2mm, 식물을 가해하여 시들어 죽게 하는 해충

잃어버린 도시, 잉카 외 2편

김 계 화

시간을 거꾸로 돌려본다
학창시절 엘콘도파샤는 많은 생각들을 낳았다
척박한 남미의 향수가 나를 손짓하며 불렀다
먼 훗날 돌아서서 후회하고 싶지 않았다
긴 대장정을 위해서 무작정 가방을 챙겼다
26시간 비행기를 타고 도착한 페루의 수도
리마의 공항 밖은 뜨거운 불볕 열기가 올라왔다
잃어버린 공중 도시 마추픽추는 탐욕스런 황금을 찾는 이들에게
쫓기고 쫓겨 도망친 잉카인의 마음의 고향이자 휴식처였다
찬란한 태양은 거대한 도시의 침묵을 지킨다

깎아지른 절벽과 하늘을 찌를 듯한 봉우리로 둘러싸인 우루밤바
태양의 신전, 지하 감옥, 계단식 논과 밭
계곡 위에 돌로 만든 거대한 도시
태양의 도시, 공중 도시, 그리고 잃어버린 도시.
어느 날 갑자기 만 명이 넘게 살았던 도시는
수많은 미라만을 남겨두고 어디론가 사라져버렸다

아마존의 밀림 속으로 들어간 것일까
석벽 위에 태양만 뜨겁게 내리쬐고 라마들은 한가롭다

수많은 돌은 여전히 아무 말이 없다
장구한 세월 동안 세속과 격리되어 유유자적함을 간직한 곳
그래서 더욱 신비하고 풀리지 않는 영원의 수수께끼가
가슴 벅차게 하는 페루의 얼굴
마추픽추는 꿈의 도시다

페스의 숭고한 삶

좁고 꼬불꼬불한 골목길에 들어선다
골목들은 골목만큼의 많은 하늘을 가지고 산다
일천여 개의 미로처럼 생긴 골목길을 헤메인다
앞사람을 따라서 바쁘게 걷다 보면 짙게 배인 메디나의 향기가
코를 막고 싶을 만큼 짙게 풍긴다
미로 같은 골목으로 이루어진 인구 50만의 삶의 현장을 만난다
페스의 메디나를 특별하게 만드는 것은 세계에서
가장 크고 복잡하다는 미로와 같은 골목길이다

천년의 신비함을 싸고도는 진한 향수
겉으로 보아선 알 수 없는 지붕 높은 건축들
겉과 속이 너무나 다른 건축물에서 느끼는 묘한 무엇이 있다
수많은 전쟁 속에서 살아남기 위해서 만들어진
페스의 미로 위에서 술래잡기하던 내 유년시절이 떠오른다
너무도 아름다운 물감통 속에서
짐승처럼 일하는 가죽 염색공장의 노동자의 고단한 삶을 본다
썩은 냄새로 얼룩진 노동자들의 모습에서 짙은 삶에 애환이 느껴진다
저들에게 하루하루의 삶은 과연 무엇일까
온갖 냄새와 소음이 뒤섞여 오감을 자극한다

>

인간이 만든 공간 중에 이토록 생생한 삶의 기운을 내뿜는 곳이 시장 말고 또 있을까
살기 위한 몸짓이 압도하는 이곳에서는 그믐의 밤처럼 깊고 어두운 상처도 흐릿해진다
열악한 환경에서 묵묵히 일하는 이들의 삶을 보노라면 그 어떤 슬픔보다도
무거운 밥숟가락의 무게, 그 신성함을 새삼 깨닫게 된다.
페스를 찾아올 때면 일정 따위는 잊어버리자
인생 그 자체가 우울한 날, 페스의 미로를 헤매며 길을 잃자
길을 잃는 일이 결코 슬프고 우울한 것만은 아니라고 페스는 속삭인다
한번쯤 길을 잃어보아야 새로운 길을 찾을 수 있다고
페스는 우리들에게 말한다

밤하늘에 그려진 행복

소소한 행복을 찾고 싶다
복잡한 일상에서 잠시 벗어나고 싶다
바쁜 한 주간을 지낸 나에게 작은 선물을 주고 싶다
그래서 물질의 행복이 아닌 자연이 주는 작은 행복을 찾는다
하늘에는 그분께서 화가보다 멋진 주황빛 그림을 그려주셨다
한낮의 뜨거운 열기가 사라지고 어둠이 살포시 내려앉는다
시끄럽던 산새들도 둥지 찾아 가고 가끔씩 외비명이 들린다

핸드폰도 멀리 치우고 차 주전자에 따스한 차를 준비한다
얼마 전 중국 계림에서 나에 이름과 똑 같은 계화차를 만났다
계림에는 한 생명이 태어나면 한 그루의 계수나무를 심는다
한 생명이 다하면 한 그루의 계수나무가 그와 함께 동행한다
워머에 초불을 켜고 탁자위에도 무지갯빛 촛불을 밝힌다
사랑하는 사람과 하루 마무리 기도를 손 모아 겸손히 올린다

환하고 분주한 곳에서는 느끼지 못한 행복이 온다
가로등이 하나, 둘 켜지고 인적이 줄어들며 밤하늘이 커진다
향기로운 계화차 한잔이 마음에 안정과 지친 눈을 맑게 한다
겹쳐진 앞 산위에는 여백을 준 하현달이 인사를 전한다.
가끔씩 불어오는 잔잔한 밤바람이 촛불을 흔들고 지나간다

길을 잃은 산새들 소리가 간혹 들린다
때 이른 개구리에 소리도 정겹게 들려온다
다정한 연인들의 발자국과 이야기소리도 들린다
환한 불빛아래서 보이지 않았던 밤이 깊어가는 풍경이 아름답다
창밖엔 조용한 자연의 소리가 들리고 앞산도 밤을 향해 깊어 간다

길에서 길을 찾다 외 2편

김 만 순

기억 뒤편에 숨어있던 열네 살 소녀가 걸어나온다
흙먼지 일으키며 고무신이 닳도록 다녔는데 그 길도 보인다
숨바꼭질하듯 동생들 몰래 떠나오던 길, 나는 오늘 그 길을 간다

그날도 하늘은 큰집언니 치마같이 푸른빛이었지
내가 다닌 초등학교 안뜰에는 해묵은 벚나무가 팝콘 같은 꽃을 피우면
바람은 수천송이 꽃잎을 운동장에 뿌렸지
꽃잎이 펄펄 날리던 날 선생님은 풍금을 치시고 나는 '새색시 시집가네'를 부르곤 했지
코스모스가 살랑대던 어느 날 신작로 그 길 따라 선생님이 전근을 가셨지
선생님께 드릴 편지 한 장 들고 서럽게 울었던 길이었지
객지 나간 언니가 올 때쯤이면 그길 모퉁이에 그림자만 보여도 누군가 뛰어갔었지
이름 모를 풀꽃들이 지천으로 피고 읍내 중학교에 간 오빠가 자전거를 타고
돌아올 때는 노을이 길게 따라오던 길이었지
엄마가 무릎을 다쳐 급하게 병원으로 실려 가셨던 길이지
그러고는 엄마는 농사를 그만 두시고 그 길 따라 서울로 오셨지

>

엄마 가지에서 나온 우리들은 모두 서울에 모여산다
이 길을 가면 시를 만나리라
배고파 서러운 울음을 삼키던 그때를 이 길에서 만나고
엄마도 동생도 이 길에서 마주하리라
찾고 찾은 소재를 그 길에서 찾아 가르쳐주신 말씀 따라
나는 오늘 이 길에 시를 심는다

도토리묵

깊은 산속에 참선 수행한 당신은 다르네요
겉치레한 모든 옷을 벗었네요
마음 깊은 곳에 숨어있는 떫은 생각들도
다 풀어내셨네요
강나루 정자에 한 무더기로 몰려와
떠들어대는 험담도 묵묵히 들어주는 당신
난폭한 젓가락질을 다소곳이 진정시키는 당신
막걸리 한잔 옆에 있으면 부드럽게
아리랑고개 넘어가는 당신
남녀노소 모두가 당신을 좋아하지요
각을 세우는 삶은 아프다 했지요
딱딱한 삶은 답답하다 했지요
모양이 중요한 게 아니라고 했지요
그릇 따라 사는 유연한 삶이 좋다고 했지요
깨어지지 않으려면 늘 깨어있어야 한다고 했지요
돌덩이 같은 가슴일랑 말랑말랑 살라 했지요
당신은 내게 강물같이 사는 법을 가르쳐주시네요

셔츠를 다리며

아들이 세 개의 자명종을 울려대며 새벽마다 잠과 싸운다
늦은 밤까지도 못 다한 일과가 주말도 빼앗아가는 요즘이다
바쁜 아들의 일상이 셔츠의 구김으로 굴절된다

다리미판에 뉘어놓고 물을 뿌리며
시원한 감로수를 먹인다
힘들어 어쩌냐
걱정 한 마디 꿀꺽 삼키며 뜨거운 다리미가
따뜻한 손길인양 꾹꾹 눌러준다
어깨도 눌러주고 등도 눌러주고
팔뚝도 다정히 어루만진다
안개 걷히면 햇살 나온단다
구김 없이 살아라 아프지 말고…
찌든 목덜미 쓰다듬어 펴주고
닳아진 팔꿈치 지그시 눌러준다

푸른색 셔츠가 맑게 빛나고
어지럽던 체크가 반듯하니 살아난다
깔끔한 셔츠 다섯 개
아이의 한 주를 환히 열어준다

기억, 그 무질서의 파편들 외 2편

김 매 절

고단했던 일상을 놓아버린 아버지
기억과 맞바꾼 거기 그 어느 곳에 계시는 당신은 그리 마음 편하시던가요
송두리째 뽑아 흔들 놓은 기억 저편 세상 어딘가에서 찾아 헤매는 어머니
그 곁으로 가신 건지요
현실과 맞바꾼 한주 망각의 강을 오가며 전사 같던 곧은 허리 펴고 굴리던 바퀴
아버지 이제 모든 걸 놓을 만큼 세상이 그리 미련이 없던가요
드디어 바람 빠진 풍선처럼 접혀진 허리 덩그러니 자전거만 주인을 잃었네요
대신 들던 밥 한 술 새언니의 애잔함이 서그럭서그럭 풀 먹인 호청마냥 그 가슴소리 요란합니다
곧은 심사에 놓은 정신줄 단 한 번의 실수가 그다지 맘 상하게 하시던가요
고모만 오면 할아버지는 그래도 또렸해진다 함은
마음에도 없는 자존심의 강을 그리 망각하며 계신 건 아니신지요
아니면 그리움의 엄닐 만나 잃어버린 그 시간을 되돌아오고 싶지 않으신 건지요

강가에 돌 하나도 이치가 있고 허름한 잡초 한포기도 제 자리에 있건만
빈방을 지키는 덩그런 엄니 사진 한 장 야무지게 거머진
당신의 기억은 놓지 못하는 저편 어딘가에 있네요

반주기가 미러볼 사이 꽃등 하나 피워내면
백마는 가자 울고 날은 저문데…
아버지의 노랫가락이 자동문 열리듯
넓적한 리모컨 버튼을 누를 때마다 쏟아져 나오고 음률 따라 조율 되어 그 가락 일품인데
연탄가스에 취해 까마득했던 그날부터 하나씩 사라져가는 아버지의 기억들
쉬지 않고 가시는 그 길 어디쯤에 묻어둔 기억의 문을 열고 오시려나요

어머니 납골당에 다녀오다

그곳에 가면
다섯 해 삭아 오른 저림이 이는 그곳에 가면
수북한 풀섶 덩그런 명패 하나 둘러 앉아 있는 그곳에 가면
여전히 그녀는 먼 길 부재중이라 말하는 그곳에 가면
하늘 공원 쉼 따라 그렇게 수많은 꽃이 되는 그곳에 가면
길 떠난 무심이 자유의 쉼을 얻는 그곳에 가면
폐부 깊숙이 사무침의 군락을 이루는 그곳에 가면
귀천의 길목 호되게 토해낸 가슴앓이하는 그곳에 가면
보내지 못한 내 널브러짐이 앉아 있는 그곳에 가면
쪽문보다 작게 닫힌 빗장이 있는 그곳에 가면
엄니 사진 한 장 대신 웃고 있는 그곳에 가면
축축한 자리에 고인 살점 도려내는 견딤이 이는 그곳에 가면
여전한 그리움을 건져내는 그곳에 가면
이모부 고모부님 두런이고 계시는 그곳에 가면
어머니 외롭지 않으니 안심이다 말하는 그곳에 가면
돌아오는 발걸음이 무겁다 하는 그곳에 가면
손 내밀고 청해도 잡을 것 없는 그곳에 가면
더 이상 가지 못할 굵은 선 하나 긋는 그곳에 가면
묵직한 경계 하나 있다 말하는 그곳에 가면
선 위로는 이별이 되고 선 아래는 아직 인생이 되는 그곳에 가면

왈칵 눈물이 쏟아지는 그곳에 가면

너를 보내고

- 겨울

내 심장에 너를 얹고 난 후 아무 일 없다는 듯이 저기 오는 저 기차를 타고 가야지
어제 네가 있던 그 자리 오늘은 간 곳 없고
새벽녘 된바람 등 뒤로 너를 느낄 때
버리지 못한 미련의 겹옷 걸치고 가끔씩 다시 찾아와 매달리는 너를 놓으리
나의 방어방식은 선을 넘지 않는 것
온몸으로 개벽하는 새벽이여
너는 거기서 또 다른 나를 지키라
나는 여기서 오는 또 너를 맞으리니
너무 가깝거나 멀어
내 인생의 뿌리가 흔들리지 않게 하라
그래도 단 한 번 피는 꽃이라면
그댈 위해 피겠노라고
상심하지 않으면 봄은 오리니

어머니는 양말 한 짝 외 2편

김 무 늬

짝을 잃어버린 엄마가 사지가 꺾인 몸으로 잠들어 있다
잠을 자다가도 꿈속 상봉이라도 하는지 해죽해죽 웃는다
이른 봄 햇살이 사이좋게 비춰주던 날
어깨 나란히 내밀며 장난스레 톡톡 발길질 해댄다
가끔 두 팔 벌리며 꿈을 허공에다 너는지 몸뚱이 꿈틀댄다
생의 뒤안길에서 짓눌리며 살아야했던 날이
혼자가 아니었기에 가능했다
자신의 몸에 감당할 수 없는 무게에도 싫은 내색 한 번 없었다
그 모든 것을 견뎌내던 그의 실종이 어머니에게는 적지 않은 충격이었다
눈물을 머금고 그의 부재를 바라본다
절뚝거리는 외발이 불안하다
두 짝은 자신도 모르는 사이 서로에게 버팀목이 되었던 것이다
어느 생 앞에 불시착했을 제 분신을 생각하는지 메마른 눈자위가 붉다
꺾인 척추사이로 계절은 오고가는데
그가 남기고 간 빈자리는 아직 쓸쓸하기만 하다
몇 년 몇 달이 지나도 그는 소식이 없다

관절의 항거

땅속에 오래 묵혀 둔 항아리 속 해묵은 배추김치를 꺼낸다
코끝에 스치는 시큰하고 짭짜름한 것이 입맛이 돈다
김장할 때의 그 생생함은 사라졌지만
일 년이 다 되어갈 즈음에 김장김치는 그때와 다른
스윗스윗, 호흡을 한다
깊고 시원한 맛이 향기롭다
김치는 적당한 온도에 존재함에 있어도 세월은 저절로
그에게 숙성이란 이름으로 연륜을 말해준다
내 나이가 어때서, 라고 외쳐본다
하지만 어쩌면 그건 나 아직 존재함에 있어 드러내는
처절한 몸부림인지 모른다
계단을 오르내릴 때마다 숭근숭근, 무릎관절 부딪는 소리가 난다
구부리고 펴고를 수없이 반복하는 동안 자신의 존재를 잊곤한다
아니 잊는 게 아니라 반항을 한다
김장독에서 꺼낸 해묵은 김치가 숙성이란 이름으로 사람의 입맛을 찾는 동안
무릎은 더는 갈 수 없다는 항거인 것이다
삐걱대는 연골의 파열음이 자신의 의지와는 상관없이
부딪치고 달궈지는 시간에 시큰하게 묵혀지는 것이다
더 이상의 숙성은 멈추세요, 의사의 진단을 받고

묵직한 얼음찜질로 달래본다
조용해진 무릎이 잠시 세월을 멈추는 모양이다

엄마의 일생

살얼음이 얼기 시작할 때쯤이었다
정보지의 팁에 양파를 머리맡에 두면 고뿔예방에 좋다 하여
작은 종기에 담아두었다
효험과는 상관없이 마음의 위안으로 삼은 지 두어 달
한 방울의 물도 주지 않았건만
초록의 싹을 피워 올리고 있었다
눈여겨 볼 틈 없이 달려가는 내 마음의 시간은 두서없이 하루하루를 살았다
모처럼의 일손을 놓고 양파에 초점이 꽂힌 날
제법 자란 초록이 튼튼한 줄기를 내놓고 있었다
한 겹 두 겹 각질로 부서지며 바삭거리는 등껍질을 보다 소스라치게 놀랐다
제 몸이 삭아 없어지는 줄도 모르고 줄기에다 제 젖줄을 대고 있었다
몸은 야월 대로 야위어 질긴 핏대만 남았을 뿐
처음 그릇에 담아 놓았던 모습은 온 데 간 데 없고
깡마른 미라가 되어 있었다

푸르게 뻗어가는 줄기 밑동의 하얀 젖줄기가
미라처럼 깡마른 친정어머니에게 잇댄 우리네 자식 같다

그림자 외 2편

김 석 중

그녀는 장님 귀머거리 벙어리입니다
게다가 피부까지 거뭇합니다
그래도 그녀는 긴 세월 아무 말도 하지 않으며
나 하나만을 바라보는 바라기라서 외로워하지도 않으며
환한 빛을 마주하면 내 등 뒤로 숨으며
밖에 나서지도 않으며
자신을 바닥까지 낮추어가며 잘난 체 하지도 않습니다.
그리고 그녀는 멋진 내 모습에 반하여
설레임과 기다림으로 잠 못 이루는 밤도 많았다고
나에 대한 짝사랑의 추억도 고백합니다
그런 그녀에 대하여 그간 나는 너무나 무심했습니다
희미하게 불빛이 침실에 비칠 때
어른거리는 내 곁의 모습이 바로 그녀라는 것을 이제야 알았습니다.
빛이 다하여 없어지는 날까지 그녀를 사랑하겠습니다.
내 사랑을 느낀 그녀가 신이 나는지
나보다 저만큼 앞서 춤을 추며 걸어가고 있습니다

모래시계

아직 내 몸속에 눌러 앉아있는
헛된 욕망과 허영의 그림자를 떨쳐내야만 한다
그 때가 정해진 건 아니다
족쇄처럼 따라다닌 너희를 아직 다 밀쳐내지 못한 것뿐이다
내 영혼과 육체에 숙주처럼 기생하며
거머리의 끈질김과 꽃뱀의 집요함을 가진 생명력은 나도 인정한다
허나 이제는 떨어지지 않으려
발버둥치고 애원해도 어쩔 수 없다
벼리고 벼린 칼날의 마음과 미동조차 하지 않는 눈동자는
떨어지지 않으려는 너희를 뒤집어 들고 토악질을 시킨다
드디어 바늘 귀 같은 기도를 타고 진공의 공간속에
끈적끈적한 거미줄 실사 한 가닥을 부여잡는다
굴비 엮여 끌려 나오듯 긴긴 아우성의 행렬들이
쌓이고는 흩어지기를 반복하며 거룩한 무덤 하나를 만들고 잠이 든다
그래도 오랜 정을 생각해 예의를 갖춰 두 번 절을 하고 발길을 옮기며
투명하고도 정갈한 내 육신과 영혼에 물들어가는 저녁노을을 담는다

그냥 이대로 바람의 들꽃 하나 가슴에 품어가며 살고 싶다
바람 불면 부는 대로 비 오면 비 오는 대로 그냥 그렇게

명의名醫

지하철 육교 맞은편
채 4평도 안 되는 허름한 공간에
상처난 거죽의 영혼들이
걸어온 길만큼이나 아픈 신음을 짓고 있다
그가 아무 표정 없이
앉은뱅이 의자에 구부정한 허리를 숙이고
상처 난 신발을 무릎 수술대 위에 놓는다
뾰족한 송곳과 초칠한 명주실 예리한 끌칼이
그의 손을 타고 자유롭다
흔들림 없는 손놀림이
마취도 없이 군더더기 살들을
잘라내고 꿰매고 붙인다
손바닥 주름 사이로 까만 세월 켜켜이 박히고
덜컹대는 삶속의 고단함을 그에게서 본다
50년 세월의 연륜과 연마
누가 뭐라 해도
그대는 이미 진정한 명의名醫다

2부

여백을 메우다

흥 외 2편

김 선 영

오늘도 떨어지지 않는 그와 함께 앉아 있다
어떤 얘기를 나누어 봐도 덩실덩실 더덩실이다
술을 권해 봐도 흥
코를 풀어 봐도 흥
돈을 조금 줘 봐도, 아이고 고까짓 것 흥,
천안 삼거리 흥, 능수야 버들은 흥
그렇게 어깨춤 추며 살고 싶다고 한다
어지러운 세상살이 조금이나마 힘이 되고 싶다며
자기를 조건 없이 분양해준다
어떤 이에게는 새털같이 가볍게 흔들 수 있는 몸을
또 어떤 이에게는 꾀꼬리 같은 목소리를
그리고 어떤 이에게는 아름답게 살아가는 법을
삶에 힘들어하는 이들에게도 용기와 사랑을
그는 어느새 육자배기 한 소절 널어놓고 있다
언제나 덩실덩실 더덩실 신명나는 춤을 춘다
모두 어디를 가나 그와 함께 하고 싶겠지
한 줌 흙이 될 때까지
그가 나와 함께 했으면

첫 시집 표지

하늘은 제일 큰 칠판
푸르고 넓다
제일 큰 지우개는 바람
제일 큰 분필은 하얀 구름
하늘에다 무얼 그려볼까
내 첫 시집 표지를 어떻게 꾸며야 예쁠까
지금은 마음대로 꾸며도 되겠지
이것저것 골라가며 그려본다
바람으로 지우고 또 그려보고
기념으로 영원히 남기고 싶은데
오늘도 정성을 다해 그려보는 표지
표지보다 시 퇴고에 더 신경쓰라며
바람이 말없이 지우고 가네

분재

봄기운 일렁이는 호수공원 꽃박람회
제각기 자태를 뽐내며 피어난 꽃들에
탄성이 절로 나온다
한참 구경하고 호숫가로 가려는데
한 쪽 전시장엔 꽃도 없는 나무들이
온갖 고초를 견딘 채
화려한 몸치장으로 얌전히 앉아있다
이리저리 뒤틀린 채 기기묘묘한 모양
누구를 위해 철사로 몸을 감고
자라지 못하도록 했을까
너의 모습에 흐느낌인지 탄성인지
오가는 발걸음들이 분분하기만 한데
맹수가 쇠사슬에 묶여 울고 있는 듯
가련한 생각이 든다

누나라 부르는 어머니 외 2편

김 수 영

내겐 어머니 같은 누나가 있다
고향을 머리에 이어다가 새벽을 부려놓는 그녀다
김치의 그윽한 맛을 즐겁게 그려낼 줄 아는 그녀다
코스모스 같이 수수한 사랑을 줄 줄 아는 그녀다
황금들판으로 번진 자연처럼 풍요로운 그녀는,
내게 느티나무 뿌리 같은 깊은 사랑을 내어준다
내가 풍파에 흔들리지 않고 든든한 나무가 되게 해준 유일한 엄마다
오늘도 나는 달빛 가득한 그리움 안에서 엄마를 본다
상념에 젖어 생각해보노라면 아무리 생각해도 그녀가 나의 엄마다
언제나 사랑의 손맛을 듬뿍 담은 정성으로 가슴깊이 새겨진 그녀는, 내겐 이생의 영원한 안식처이다
그래서 그런지 어머니라는 말만 들어도 눈물이 물컹하다
그녀의 주름진 이마에도 결 따라 바람이 지나간 엄마가 있다
소나무 숲속 푸르름에 모든 것을 살포시 내려놓고 있다
바람을 그리는 하늘이 노랗게 물들었지만
그녀는 내 가슴에 물들이는 선홍빛의 어머니다

건망증

너는 여자 친구 삼아 자주 데리고 다니는 여행마니아다
상황극을 좋아하는 철부지 배우다
잘 삐치는 새침데기다
너는 친구가 많은 슬픈 인맥가이다
지갑 핸드폰 안경 다양한 친구들을 거느린 너는
꼭 필요한 것만 사랑하는 얄미운 외롭지 않은 사람이다

그런 날이 있다
망연히 나를 죽이고 죽은 너의 상주가 되어
나에게 곡을 금하는 날
오늘에 얹히고 내일에 씹혀도
통속한 슬픔만큼은 상속을 거절하고 싶은 그런 날이 있다

너를 이왕에 만났으니 웃으며 살자
이렇게 만난 것도 인연이란다
짜증내도 안 돼 화를 내도 안 돼
나와 네가 반쯤 타다 남은 시간이 되더라도
둥굴둥글 정을 나누며 사는 거야

>

너는 나를 저버리고 떠나려 하누나
텅 빈 하늘만이고 서성거리며
돌아가는 길 내다보고 있구나
나는 너를 사랑하는 것 미워하는 것도
죄이니 버리지 못함도 죄이다
향기를 내며 다가오는 봄처녀가
오래도록 머문 자리에 아름다운 너였으면 좋겠다

나는 너와의 절친 이웃사촌이다

걸레

나의 하루는 그녀와 함께 시작되네
나의 그녀는 못생겨도 화장을 하네
여기 저기 문지르며 단장을 부리네
늘 하던 대로 편식 없는 요술쟁이여
그래서 더욱 예뻐지려는 나의 이상형이여
콜라텍에서 야무지게 요리조리 흔들다
갈색머리 흑색머리가 잘 어울리는 그녀는
나를 만나다 먼 훗날 돌아다보는 선택한
그녀의 가슴에 사랑이 숨쉰다
삶에 자신이 노리개 감이라는 것을 자랑하는 그녀
아직은 모르며 이용당하는 것도 모른다
같은 동료와 친구에게 자랑하며 떠벌리는
주둥아리 입은 더럽고 난잡한 걸 그녀는 광고한다

언제든 만나도 반갑고 고맙고 사랑스럽고
언제든 만나고 헤어져도 다시 만나고 싶은
내 마음 깊은 그곳에 찾아온 그녀는
처음 그 느낌의 태양을 닮았네요
영원히 함께 하길 행운을 빌어요
진한 블랙커피 한잔 비의 연주를 즐기는

감수성이 예민한 그녀에게 생애 아름다움을
지켜주지 못함이 서글프다
그녀의 마음 씀씀이가 느껍고 뭉클하다
봉사가 몸에 배어나는 그녀는 행위 예술가다

청산도 외 2편

김 태 경

청산도에는 섬 안에 섬이 있다
여름에 쌀밥 한 번 먹어보지 못한 섬
태어나서 시집갈 때까지 쌀 서말을 먹어보지 못한 섬
비탈진 산자락 층층이 섬을 만들었다
청산도 구들장 논은 버려진 돌을 쌓아 구들장을 만들고
그 위에 흙을 다지고 마음을 다지고 덮었다
물을 가두고 하늘을 담았다
하늘의 뜻을 바라고 바람을 담고 별을 담았다
볍씨를 담았던 구들장 논에는 유채꽃을 담았다
미인초 양귀비꽃을 담았다
어누룩한 오후 노을을 담았다
돌담길 고인돌 초가집 지붕에 박물관을 담았다

사랑채 작은방 앞에는 외양간이 있다
여물을 끓이면 구들장 아랫목은 절절 끓는다
이불 밑에 발들을 모아 넣고 실뜨기 수수깡놀이 화투놀이를 한다
할머니의 호랑이 담배피던 시절을 듣는다
아랫목 구들장은 언 발을 녹여주고 할머니의 굽은 허리 펴준다
한번 뜨거워지면 오랫동안 식지 않는 구들장 사랑
쉽게 잊혀지지 않을 따뜻한 사람

청산도 섬에서는 누구나 섬이 된다

그리운 날엔

그곳에 가면 봄 만나고 가을을 만나고
그리운 어머니도 거기서 만난다

그곳은 마음만 먹으면 쉽게 갈수 있는 곳
나그네들이 들어와 낯설고 어색하다
아무라도 무심히 받아들이고 내보낸다

그곳에 들어서서 행선지의 메뉴들을 바라보면
싱그럽고 맛난 냄새가 떠오른다
강릉 대천 대구 부산 목포
시끄러운 사투리가 넉넉한 고향을 선사한다

대문이 없는 하차장에는 바다가 들어오고
옹달샘 물 먹고 자란 쑥개떡이 온다
그을린 어머니의 치마에서 깨소금 냄새가 온다

감추어 두었던 그리움 한개 꺼내서 물어본다
장작 타는 냄새가 깨소금 냄새라고 우기던
그 치마는 어디갔느냐고…

그곳은 기다리지만 머무는 이는 아무도 없다
보고 싶은 이 오고, 그리운 이 간다
꿈이 상경하고, 미소가 들어오고 간다
그곳에 가면 멀리 떨어져 있어도 가깝게 온다

그리운 날엔 습관처럼 그곳에 간다

여행이야기

새벽잠을 반납하고 그분을 만나러 길을 나섭니다
가스밸브는 제자리에 있는지 걱정입니다
수도꼭지는 단단히 붙잡아 놓았는지 가물합니다
화장실 스위치는 올렸다 내렸는지 생각이 안 납니다
걱정을 좌판에 깔아놓고 뒤적여 봅니다
약간의 들뜬 발을 동동 띄우고 그분을 만나러 갑니다
부풀리던 마음에 날개를 펴봅니다
가로수가 뒷거름 칠 때야 비로소 동공의 문을 엽니다
그분은 요염한 복사꽃이랑 배꽃을 시리게 푸려 놓았습니다
연둣빛 그림엽서를 파노라마처럼 펼쳐놓습니다
궁금한 얼굴을 들어 올려다봅니다
햇살은 은박지 상자를 열어 이마 위로 쏟아 부어줍니다
소나무 숲길을 만지면 움찔 향내를 품어 보내십니다
화사하게 피어나는 제 얼굴은 당신이 그리워 쓰러집니다
그분이 있는 곳엔 언제나 강물이 산허리를 감돌아갑니다
발꿈치를 들고도 정적을 몰아내는 투명한 소리가 납니다
그분을 만나고 오는 길은 풍요롭고 너그러워 집니다

비에 젖은 꽃길 외 2편

김 태 연

삼월 초하루, 축제가 아직 며칠 남았는데
아침부터 부슬부슬 비가 내린다
빗소리가 제일 좋다던 후배가 생각난다
비가 내리면 왠지 서글프다던 문우도 기억난다
갑작스런 날씨변화에 당황한 꽃다운 그녀
졸지에 새 옷 바꿔 입던 마네킹의 알몸을 닮았다
새로 갈아입힐 옷 꿰매느라 펼쳐놓은 옷감들
흩뿌리는 봄비로 더욱 선명해진 연녹색이 눈길을 잡는다
화도IC에서 서종IC를 향해 출발했건만
무심코 달린 것이 터널을 몇 개인가 지나친 듯하다
설악IC라 말하는 내비게이션양의 목소리가 또렷하게 들린다
거센 비바람이 결국 그녀에게 분홍드레스를 입혀주었다
화들짝 놀란 우린 순간적으로 눈길이 마주쳤다
서로를 바라보다 어이없어 웃는 정애 선생님과 나
잠시 넋을 잃었던 게야
그녀의 드레스를 밟고 선 우리는
가뭄해갈로 반가웠을 봄비에 잠시 취했다

반영

꺼억꺼억 계곡이 운다
서걱서걱 갈대의 울음소리가 들린다
건원릉 골짜기 타내려온 바람이 구릉을 맴돈다
산등성이 기어오르는 잔잔한 바람에도
소나무 칼춤추고 갈참나무 엉거주춤이다
자리다툼으로 엉겨 붙은 나뭇잎들
갑작스런 장대비에 혼비백산 허우적댄다

환경 바꾸려
우수경칩에 장만한 수상가옥
아침이면 벙실벙실 온기로 희망주고
해질녘엔 낙엽이불로 포근히 감싸는 곳
담장개나리들 물질 나오면
온 동네가 샛노랗게 물들어간다
솔바람에 흩날리는 벚꽃잎으로 도배하던 날
화사한 꽃구경 차 잔잔한 물침대에 몸을 뉘인다

남다른 세상 보고파
뒤돌아볼 수 있는 수면 아래 누웠다
하나 둘, 아니, 열하나 열둘
톱니로 무장한 낙엽고기 떼가 숱하게 몰려다닌다

고대 풍경을 고대로 담다

모싯잎떡으로 허기 메우고
열강에 푹 빠졌던 수요일 오후
돌솥밥으로 부른 배를 안고 고대풍경 담으려 고대로 간다
마음을 하나로 모은 삼십 여명 수강생이 교정을 거닌다
삼삼오오 짝을 지어 백목련 배경삼아
각양각색의 포즈와 의상을 카메라에 담느라 바쁘다
웅장한 본교건물을 등지고 역광도 나 몰라라 또 한 컷 셔터가 터진다
듬성듬성 틈새를 공략한 자목련도 한 몫을 한다
멋스런 모델도 많지만 봉사정신 투철한 카메라맨도 여럿이다
짓궂은 어린 시절 더듬으며 잔디밭을 맘껏 뒹굴어 본다
팔학년 일반 엉아도 마냥 즐거운 듯 여러 바퀴를 돌고 또 돈다
정열적인 빨간 코트가 유난히 돋보이던 화사한 봄날
묵직한 가방들 바위에 올려지고 해묵은 잔디 위에 둘러 앉아
조개껍질 묶어 그녀의 목에 걸고, 수건돌리기를 한다

그간 병마와 싸우느라 함께 할 수 없었던 난
오늘 스스럼없이 문우들과 어울렸다
향학열 불타는 고대 모습을
고대로 카메라에 담은 날이다

그림자의 지문 외 2편

김 태 호

너는 내 발목을 잡고 있는 뿌리라고 본다
가끔 잘 따라 오는지 멈춰 서서 기다려본다
바람이 흔들릴 때 비틀거리는지 붙들어본다
혹시 아무데나 함부로 밟는지 발길을 살펴본다
비뚠 길 똑바로 걷고 있는지 먼 앞을 내다본다
좌우로 기우는지 저울추에 앉아본다
느슨한 마음 풀고 두리번거리는지 다잡아본다
복사본의 원본을 진단해본다
먹성 좋은 파쇄기의 치아는 가엽다고 본다
지워버린 발자국에도 지문이 박힌다고 본다
큰 깃이 작은 솜털 품는지 지켜본다
한낮의 정수리를 태양은 내려다본다고 본다
발가벗은 너는 부끄럽지 않다고 본다
거울 앞에서 일그러진 너를 다림질해본다
어느 아침 무영탑이 무너지는 꿈도 본다
길은 얼마쯤 남았는지 측량해본다
너는 내 곁을 떠나지 못하는 마음이라 생각해본다

옹달샘 구름 담아

도당말 어귀에 배꽃이 날립니다
샘 골 향나무 옹달샘에도 꽃잎이 살포시 내려 앉아요
바위틈 솟는 샘은 한 바가지 가득 퍼도 그대로입니다
장마철에 불거나 가뭄에 줄거나 변하지 않았어요
채운 만큼 찰랑찰랑 넘쳐납니다
배 밭집에는 물 긷는 아가씨가 있습니다
그녀는 배꽃같이 해맑은 얼굴입니다
어쩌다 옹달샘 길목에서 마주치면 치맛자락 여미고
다소곳이 무릎을 굽히기도 하지요
그러나 말 한마디 없어요
그녀 얼굴에 연분홍 꽃바람이 스치면 내 심장이 떨려요
그녀는 문안에서 곱게 자라 물동이를 일 줄 모릅니다
물을 길어주고 싶지만 얼어붙은 입이 떨어지지 않아요
가슴만 출렁입니다
그녀를 못 보는 날이면 뜬눈으로 밤을 새웁니다
망설이며 벼르다 속 태우던 향나무 밑에서 무작정 기다립니다
사무치는 샘물위에 무심한 구름 송이송이 떠 있습니다
구름위에 그녀 모습 담아봅니다

미로를 찾다

미로를 미덥게 찾아요 드론을 드밀어요
미로는 미동도 안 해요 미등도 켜지 않아요
미로는 미나리 꽃잎에 숨어 있어요
미로는 미친美親 듯이 탐색해요 루미나리 보러가요
미로는 미꾸라지 콧구멍을 밀 가요
미로는 미적미적 뚫어가는 땅강아지 소굴입니다
미로는 미아리 밀밭에서 밀회하던 밀서리 이랑입니다
미로는 미로의 각인된 지번 입니다
미로는 미리내 별자리와 교차하는 미래의 통로입니다
미로는 미술관의 등불 건너편에 있어요
미로의 미로에서
미로의 미심美心쩍은 그녀 얼굴 찾습니다
미로의 굴절마다 부딪히는
미로의 궁궐은 미궁입니다

그녀의 마음도 미궁입니다
열릴 듯 닫히는 잠길 듯 풀리는
마주칠 듯 비켜가는 미로의 미혹美惑입니다

>

서울역 플랫폼에서 광화문 광장에서
미로를 찾습니다
미로美路는어디 있나요 미로는 미궁을 찾아가는 길
미궁美宮은 산 너머 흘러가는 구름 한 송이
산비둘기 한 쌍이 미로물고 어디론가 사라집니다
해는 설핏 미로의 종착역
무릉도원 미궁으로 노을집니다
미네르바 미궁에서 복사꽃 반짝입니다

동냥아치 바가지 깨지는 날 외 2편

노 지 윤

나는 냄새를 탐지하는 세퍼트 별명을 가진 콧구멍이다
사치를 좋아하지 않는 나는 단순히 스킨로션으로 길들여진 얼굴이다
사십년 세월 동안 모임이 있는 날
립스틱 바르니 손녀가 할머니 어디가요 묻는다
앞장설까 무서워 잉 주사 맞으러 한 마디로 모면했다

효창공원 역 3-4앞에 서있는데 치매 걸린 모기 한 마리가
강화유리문 앞에 내 혈관을 탐색하며 눈동자를 붙들고 빙빙 돌고 있다
손바닥으로 덥석 누르니 모기 표구액자가 만들어 진다
광고판 속 많은 젊은이들 중 한 사내가 살인 미소를 던진다
나도 빙그레 눈 맞추는 순간 전철이 빵빵 들어오고 있다
노랑머리 엉덩이에 청바지가 아슬아슬 걸려있는 옆자리
놓칠세라 덥석 앉고 보니 여기저기 외국인이 많이 타있다
건너편 세 남자 하얀 냉면대접 또 한 남자는 놋냉면대접 모자에
쏼라쏼라 씨부리며 호떡집 불이 난 모양이다
내 옆 외국인 누린 냄새인지 지릉 냄새인지 속이 울컥한다

건너편 할머니 옆으로 자리를 옮겼다
개시를 잘못한 탓인지 향수냄새가 현기증이 일는다
아 씨팔 좆나 동냥아치 바가지 깨지는 날이 오늘이네
구시렁대며 삼세번 노인 석으로 자리를 옮겼다
청구역에서 중절모에 깔끔한 어르신 옆으로 앉는다
앉자마자 주머니에서 부시럭 꺼내는 물건 은단갑인 줄 알았다
오랜만에 보는 은단 한 알 얻어먹나 싶었는데 기대는 무너지고
조 그만한 거울을 꺼내 요리저리 매무새를 살핀다
깔끔해 보이는 모습 보기는 좋은데 나는 속으로 점을 친다
영감님 폼 새를 보아하니 마님 속깨나 후벼 파고 살았을 것이여, 비아냥거렸다

모임 자리에는 담소가 시끌벅적 한창이다
조용히 하라며 총무가 육십만 칠천오백 원을 나누어 준다
웬 횡제! 머릿속은 도로 몇 길이 줄줄이 생긴다
후학기 등록금, 아니면 노래가사 돈
이름 모를 그녀를 만나 냠냠할까

〉

최종 선택 손바닥에 침을 뱉어 야구방망이로 철썩 침방울 공이 튀는 쪽으로…

남의 제사상 감을 놓던 배를 놓던 남의 일에 관심주던 나

오빠가 늘 일일삼성一日三省 글귀 되 뇌이며 살라는 말씀을 다시 생각 한다

어르신을 흉본 내 밴댕이 속을 반성해본다

열무김치

입에 풀칠하기 어려운 시절 어머니를 생각한다
식구는 많고 긴 장마철에는 콩밭 열무가 다 녹아내리고
어머니는 새벽달 앞세우고 행주치마에 이슬 털어담으며
고구마 순을 한 광주리 뜯어오신다
껍질 벗겨서 슬쩍 절이고 절구통에 홍고추 밥 한 공기
간장과 들들 갈아서 만든 일곱 식구 반찬은
어머니 고단함과 어우러져 밥상에 앉아있다

요즘은 시절이 좋아 사시사철 푸성귀 천국이다
무엇을 살까 시장골목을 돌고 있다
열무와 배추 한 단식 두 단을 샀다
뚝뚝 잘라 스텐다라니에 짭 짜란 소금물 뿌려주고
청양홍고추 마늘 생강 새우젓 멸치젓 밥 한 공기 빡빡 갈아서
붉은 고춧가루와 저러진 김치에 꽃무늬 옷을 입힌다
겉절이 수다는 이웃집 담장까지 걸려있다
허기진 배속에선 꿈틀꿈틀 요란이다
밥한 공기 게눈감추듯 꿀꺽 먹어치웠다
호호 콧구멍 벌렁벌렁 불이 난 미각에 혀끝은 꾸지봉가시가 찌른다

요즘은 땡그랑만 있으면 앉진 자리에서 호랑이 눈썹도 몇 개고 뽑을 판국인데

옛날에는 고달팠던 삶 속에 참고 사는 일이 여자의 미덕이었다

부모가 정해준 혼처로 가서도 한 가정 이루고 잘 살았는데

요즘은 본인이 선택한 길인데도 이해심, 인내심을 분별 못하고

흥 하고 등, 돌리는 차트 계열 표가 계속 슬슬 기어오르고 있는 추세다

어느 대감댁 외동딸 인성 교육에 존댓말을 일러 시집을 보냈다

밖에서 강아지가 컹컹 짖어대니 시아버지가 아가 밖에 누 왔나 보다

예 하고 나간 며느리

네 아버님 소씨시님이 어치씨시을 입으씨시고 나오씨시니 개씨시님이 보씨시시고 짖으십니다

인성교육이 넘쳐버린 며느리 답변 민망한 시아버지

그래 우리 빈장어르신이 여식 교육을 잘 시켜보냈구나 하시고 웃으셨단다

요즘 살기 좋은 시절이라 하지만 잊어져가는

인성 교육이 어느 선을 지키면 좋으련만

남이 하나 하면 열을 앞서 가려는 우리네 심성 마음을 비우고 살았으면 좋겠다

약과 독이 입안에 살고 있다

가장 귀한 말은 침묵 속에서 빛난다
재앙은 세치 혀끝에서 시작 된다
경솔한 말 한 마디 칠 백리
국토를 잃을 수 있다 한다

추측으로 생각을 푼다면
오해의 소지가 얼마나 많을까 많은
천리 높은 벽도 소리 없이 무너뜨리는 말꼬리
밤 말은 쥐가 낮말은 새가 듣는다고 했거늘

일일삼성一日三聖 글귀 되뇌이며
생각의 깊이를 다듬어야할 일이다
양심이 없다면 벌거벗고는 못살까마는
그것이 있기 때문에
부끄러움을 간직하고 살지않는가

타인과는 선을 긋고 살 수 있겠지만
혈육이란 끈끈한 정 때문에
온갖 아픔을 감내해야 한다니
스스로 반성하며 우애를 다질 수밖에…

숯의 연가 외 2편

박 현 웅

등골에 낀 이끼로 검은 융단을 펴고 있다
두 손 모아 간절한 마음으로 빌었다
밤마다 가슴 졸이며 쓴 편지
그가 걸어온 인생길은 그리 쉽지는 않았다
검은 도포자락을 입고 온 그는
불심으로 품격 자랑 자존심 3대를 적신한다
눈으로 파고든 아릿함이 고개 숙여 인사를 한다
곰동굴은 쉰 소리 가는 소리로 꿈틀거린다
밤낮으로 그리움은 피어나고 늙은 사연으로 엮어 간다
나풀거리는 신기루는 절연한 길동무로 함께 한다
운치는 있어도 발자취는 없다
수많은 빗살무늬들만이 서있다
어린 생명 탄생에 높고 낮은 음표로 묶여있다
그는 꽃비 내리던 그리운 봄날도 맞이했다
운무에 가려진 꿋꿋한 자세가 뭉클하다
부활된 불꽃에 검은 목탄으로 일생을 살아가고 있다
그는 희망의 초록 꿈이 향탄산 화율탄으로 붙들렸다
마른하늘은 잘려 나갔다
그의 콧잔등 시큰하게 태양이 영글어간다

침실

향유고래 유영하듯 어둠이 성큼성큼 밀려들고 있다
동해 번쩍 서해 번쩍함에 쉼이 필요하다
쉼를 주는 안식처를 풀린 동공이 바라보고 있다
한쪽에 악사 없는 악기의 선율이 진열되어 있다
빼끔거리는 콘센트 방전된 화신들 맞이할 준비 중이다
벌써 한쪽 콘센트는 흰 젖줄을 물리고 있다
스스로 온도를 맞추는 자동조절 장치도 혈압과 온도를 체크한다
자욱한 먼지 속에 파묻혀있는 책들도 무심함에 아랑곳 하지않고 있다
스탠드 위 TV와 리모컨이 한자리에서 다소곳이
세상과 소통의 손길만을 기다리고 있다
나는 같은 시간대에 리듬을 타고 쉬는것이 정박자의 장단이다
침대 위 베개와 베개 사이 작은 베개가 쉼터를 자청 하고 있다
날파리 한 마리 긴 빨대 들고 다니며 혈맥을 찾기에 여념이 없다
때가 되면 벽에서 뻐꾸기 한 마리 날아들어 메아리만 남기고 간다
스탠드 옷걸이에 걸린 허물과 허상들 하루의 고단함을
번뇌와 해탈에 이르는 잠을 청하고 있다
한 개의 문은 먹고 배출함으로 단세포의 아메바이다
또 한 개의 문은 물상들에 상념의 침실이다

역마살로 지친 캐리어 삼 개월 째 미동도 않고 주인의 눈치만 보고 있다
갑에 든 휴지 혓바닥 날름거리며 선택되길 염원한다
창공을 가르는 양탄자처럼 이불도 세상 노곤함을 대신한 듯 후줄근하다
나에게 쉼을 허락한 침실은 온기 가득한 포옹으로 감싸안는다
물침대의 흔들림에 홍콩 마천루의 야경이 아찔한 멀미로 혼수 상태 이를 지경이다
야간 경기장를 밝히듯 유색조명 침대 위를 생중계한다
화재경보기 침대 위 과열로 불꽃 튈까 초긴장 상태로 살수차를 대기 시켜놓고 있다
천장에 매달린 모기장 모기를 잡는 게 아니고 모기가 나를 잡고 있다
나의 몸은 묘시까지 큰대 자를 읽고 또한 뒤척인다
창가의 햇살 기웃기웃 아침을 깨우고 있다
안식처는 몸을 일으켜 준다

여백을 메우다

상현달도 하현달도 여백은 있다
서해 바닷물 긴 숨 고른 뒤 갯벌을 토해내고 달아난다
낙지 로켓 추진체로 갯벌을 훑고 지나간다
갈매기들 넓은 바다에 걸터앉아 동가숙서가식한다
산에 가본 적이 없는데도 파도가 산을 넘는다
따사로운 햇살 황소걸음으로 땅위 모든 생명체들 어루만져 잠을 깨운다
어여쁜 초록들 반가운 손길에 미파솔 미파솔 노래를 한다
부는 바람으로 풍광이 달리고 있다
부는 바람으로 청아한 목소리를 들려주고 있다
부는 바람으로 구름이 먼저 소식을 주고 있다
부는 바람으로 떠밀려가도 나는 쉼표를 그려놓고 쉬고 싶다
고뇌의 순간순간 몸을 추스려 들로 산으로 흘러흘러 간다
너는 이 모든 일을 저 새들에게 먼저 알려주었다
새들은 여백를 알고 있다는 듯 산 산으로 달려간다
구름에 가린 산이 높다는 것을
푸른 바다가 깊다는 것을
땅이 넓다는 것을
채우지 못한 여백이 있다는 것을
나는 오늘도 한쪽 여백을 메워간다

계산대 외 2편

배 은 숙

스륵스륵 지지직 그녀는 여전하다
숫자의 크기를 계산하다가 멈추기를 반복한다
그녀의 머리속은 티비 한 대 보다 무겁다

지구가 자전일 때 통 큰 그녀는 스팀 융단을 깔아
융단 위를 구르는 물방울은 무슨 암호와도 같아
남의 뒤통수는 말랑말랑 주물리면 통쾌한 법
그녀의 귀는 제멋대로 부풀고 뜨거워지면 샤워 중

밤마다 널브러진 그녀의 뒷모습이 위태롭다
오늘도 그녀는 추억을 녹인다
버려진 우산처럼 변방에 홀로 서 있다
정교한 이탈을 궁리하지만
내일을 약속하지 않는다
지불해야 할 것들은 남은 동전 몇 닢이므로,

가위질당한 오늘보다 달콤한
내일의 생각들이 우르르 쏟아진다
베란다 항아리 속 연꽃이 용트림을 한다

바람의 언덕

그 어떤 격렬함도 없이
풍속보다 느린 길을 내어준다
숲과 사람들이 몇 마디 위로의 말을 건네는 동안
이미 예정된 너의 울음소리 들리는 순간이다
적막한 언덕, 치정 같은 너의 춤사위를 본다
푸른 잎들, 멈춰 서지 않는 허공 사이로

균형 잃은 꽃들이 훅! 베어진다
푸름의 속도를 가늠해 보는 숲은

네가 일군 노동의 시간을 알고 있다
때로 거친 들판을 내달리다가
낮과 밤의 경계에서 스스로 소멸을 생각할 터,
마침내 모든 소리의 파동을 불러들여
웅얼거리기도 흩어지기도 한다
제 몸의 빛깔과
제 몸의 절망과
제 몸의 구원에 대하여 증명하려 든다
무성한 숲과 물고기와 풀꽃들을 키웠다고

너는 흰소리를 늘어놓을 것이다

사방이 환해질 무렵 하늘로 번져 간 푸른 물방울

움츠렸던 것들의 냉가시가 돋는다
숲과 사람들이 슬며시 너를 흔든다
점점 응석받이가 되고 싶은가 보다

봄의 뒷자락

가벼운 짐 하나 메고 길을 나선다
가파른 능선을 오른다
연록의 실바람 스프링처럼 튕긴다
도로롱 도로롱 또또로롱 또또로롱

어딘가에서 들려오는 현악기의 떨림일까
너를 위로함이다

너에게로 구름이 체온을 발라 뒹굴었다
너에게로 숲이 빛을 감싸 안았다
도로롱 도로롱 또또로롱 또또로롱
이산 저산 직선의 음각들
앞산 저기, 저기 저 먼 산 도르르 도르르 휘어진다

첫걸음은 늘 무겁다
네 심장에 쇳물이 고인다 몰래 심장을 꺼내둔다
부식되지 않은 잎사귀 떨어진다
네 살 속 어딘가에 살고 지고 또또로롱 또또로롱
강 건너 바다 아닌, 산중 더 깊이 더 멀리 도로롱 도로롱 도르르르

버려둔 빈 집에선 안개꽃 형상을 발견한다
고통의 네 권좌權座 하혈의 꽃이 몇 자라나고 있다
소거消去해야 할 그곳

아직 알아채지 못한 그곳에도 봄은 피어난다

3부

연초록빛에 젖어

귓속 보물창고 외 2편

백 운 수

그곳에는 빛이 내리지 않는다
태고의 신비로움이 깃든 곳
아기가 웅크리고 있는 형상이다
삼만 팔천 피트에 오르면 뱃고동소리보다 더 요란을 떤다
어둠속에 어둠으로 들어간다
적응이 덜 된 탓일까
파르륵파르륵 야릇한 몸부림을 친다
그는 슈퍼컴퓨터의 하드디스크다
온갖 세상이야기를 저장한다
오천만기가바이트보다 더 들여놓는다
그는 보물창고다
하얀 눈을 차곡차곡 쌓는다
참으로 신기하고 신기하다
세상 희귀한 보물수집가는 탐을 낸다
그는 수집가의 요구에 응한다
수집가는 귀한 보물을 조심스레 옮긴다
로케트 머리에 묻혀 우주로 배달한다
묵혀두었던 보물이 나가고 나면
지난날 베게삼아 휴식을 취한다

풍물시장에서

오색등 나팔대는 행인의 발길 먹는 풍물거리
거리거리마다 골동품 넘실거리고
톱모델인양 폼을 재작거리고 있다
갖고 싶은 욕구가 꿈틀거리지만 지갑과의 거리가 있다
어릴 적 시골장터 맛이 아른거린다
홀로 청춘을 씹는 옆 할머니에게 동료 시인은
어버이날이니 제가 칼국수 한 그릇 대접할게요 라며 인심을 안긴다
양은 잔에 곡주 한사발이 유난히 걸죽하다
오가는 정을 뒤로하고 뚜벅뚜벅 발길을 옮긴다
이른 시간이지만 가계들은 벌써 문을 닫았다
아쉬웠다
타인으로부터 싫은 소리에 혹 마음의 문을 닫지 않았나 되새겨본다
곡주의 향기 때문일까
유난히 풍물거리의 별이 커보인다

뒤집힌 그 놈

연녹잎 솟구치는 오월 말 어느 날 십삼시
봄부터 가을까지 몸을 부풀린다
홍갈색 흙길의 산에서도
굳건한 뒤태의 주상절리 앞에서도
평창 오지의 비탈에서도 쉬엄쉬엄 가꾼다
꽃들은 꽃들대로 나무는 나무대로
제각각 향기를 뿜어댄다
미루나무 조각조각 이은 마루턱에 걸터 앉는다
봄기운 마중 나온 닭의 등에 햇살이 내린다
여름기운 한 모금 목줄을 적신다
가을기운 솔솔 가슴으로 정기예금에 든다
불도저처럼 힘찬 향연의 장이 선다
민속씨름의 장이다
에헤라디여 으흐라디야
뒤엉킨 서로가 힘을 발산한다
으랏차차 아야아앗
한판으로 그 놈이 뒤집혔다
단련이 모자랐나 보다
문득 생각에 생각이다
나로부터 그들에게 마음을 뒤집지 말자, 되뇌어 본다

상큼한 햇살이 등을 타고 가슴에 내린다
뒤집힌 그 놈
아! 묵이다

연초록빛에 젖어 외 2편

신 형 자

그에게 스며들어 머무는 곳 어디든
빛의 향기가 진동이다
상큼한 빛을 얼마나 뿜어내는지 취하고 만다
해마다 이맘때쯤이면 내 가슴 절반을 도려간다
그는 비단저고리 다리미질 자국을
선명하게 그려놓고 바람결에 나부낀다
새들도 불러 모아 음악회를 시작한다

강한 해님에게 도둑맞을까봐
두려움으로 몰려온다
배회 하던 그가 최근엔
산속에 유럽풍의 집을 지었다는 소문이 무성하다
나는 그의 속성을 잘 알고 있다
얼마동안 있다가 다시 진하디 진한
초록별 집으로 이사를 간다는 것쯤
숱한 세월 속에 사랑의 세례를 주었던
물바가지는 손가락으로 셀 수 없다
머리를 질끈 동여맨 채 그의
친구들에게 안부를 전했다
미동도 하지 않는다

>

꽃잎들이 뽐내며 기대어보지만 그에게
바통을 빼앗기고 만다
시속 구백 미터로 달리기를 한다는 것이다
그는 스프레이는 싫어한다
별빛처럼 반짝거리는 동백기름을
바르고 나의 함성을 외면한다
세상에서 가장 멋진 그는 일 년에 한 번
나타나 실없이 사라지기를 반복한다
그럴수록 점점 그에게 스며들고 있는
나 자신을 발견한다
강한 햇살이 그의 귓불을 높이 치켜세우고 있다
민들레 제비꽃 작은 들풀들이 나를 위로한다

종이책을 더듬다

사그락거리는 너의 목소리
한 움큼씩 울림되어 퍼지네
너는 나에게 지식의 몸짓이었고
거룩한 종교가 되어 잠 못 드는
불면의 밤이었지

해학의 종소리가 깊게 울려 퍼지는 날이면
나는 쇳덩이보다 무거운 눈꺼풀을
너의 품속에 파묻곤 했어
나는 하루 한 번이라도 너를 만나지 않으면
허송세월을 보내는 것 같아
형광펜으로 너의 얼굴을 톡톡 다독이며 화장을 했지

우주가 담기고 세계를 한 눈에 새길 수 있는
너는 나에게 새싹이 돋아나는 신비로움이야
너의 사진을 보노라면 갈색으로 변해 있지만
너를 쉽게 잊을 수가 없단다

너와 맞잡은 손에 전류가 흐르고
인공위성이 머물다갔지

너는 인류를 짊어지고 와서 나를
부양해 주었고 나의 밥이되어
밥상머리에 반찬이 되었지

비탈진 산과들을 푸른 초목으로
가꾸어 주고 햇빛과 물을 번갈아
주며 돌나물처럼 솟아오른
향기로움으로 살고 싶어

오늘도 나는 너의 반쯤 벗겨진 속살을
만지작거리며 미단이를 밀 듯 해를 밀친다

이슬의 어원

별빛 따라 수박서리 나섰다가 새벽이슬을 맞는다
아기 무게만큼 밭고랑에 퍼런 줄기들이
방울방울 이슬을 머금고 있다

길게 손을 뻗어 별똥별까지 따다 담은
내 치마가 이슬을 맞아 무겁게 내려 앉는다
서리 당한 수박은 단 내음이 연기처럼 피어오른다

어머니는 이슬 맞고 다니면 노곤하다는 말씀으로 나를 훔친다
친구들과 서리하는 날은 돌담에 쌓인 이슬을 풀잎으로 쓸어 담는다
노을이 타다 남아 한 줌의 재가 되어 새벽이슬로 내린다

그런 날은 까칠까칠한 풀잎에게 벤 미간이 간지럽다
길가 쌍둥이 묘에 이슬을 평상 삼아 누워
은하수를 가슴에 쏟아 붓는다
갯바람이 나를 몇 차례 덮치고 지나간다
심하게 한기가 드는 날은 두통을 앓았다
초승달을 어깨에 메고 집에 오는 날은 야윈
내 손끝에 이슬 한 줌 쥐고 들어왔다

산달이 되어 몸을 풀려는 나를 보고
어머니는 이슬이 비춰야 아기를 낳는다는 말씀을 하신다
이슬은 영롱함이 묻어있어 새벽에만 그 빛을 발한다
사람이 이별을 앞세우면 눈가에 이슬이 맺힌다

낙안읍성 외 2편

심 상 영

이른 새벽 낙안읍성 성벽 위에 올라서서 마을을 내려다본다 나란히 놓여진 초가지붕들 아래로 보이는 창틀은 애벌레의 숨구멍이 되어 하나 둘 환히 속을 보이며 밤새 묵은 공기를 뿜어낸다 멀리로 영혼을 깨우는 십자가가 제 몫을 다해가는지 점점 희미해져간다 흐리게 보이는 산 능선을 따라 어둠을 실어 나르는 밤안개가 금방이라도 밀어닥칠 새벽에 쫓기는 듯 분주하다 동쪽 낙풍루 기와 아래로 스며나오는 불빛이 몇 개의 기둥은 보여주고 몇 개의 기둥은 삼켜버렸다 불빛에 먹힌 기둥이라야 어둠에게 내준 초가지붕 아래의 흙벽에 비하면 아무것도 아니다 결국 어둠이 빛보다 많은 것을 삼키고 새벽이 되어 많은 것을 토해낸다 새벽을 태우는 하얀 연기가 휙 하니 올랐다가는 찬찬히 흐려지면서 시골 아낙의 아침준비가 시작된다 건너 집에서 들려주는 새벽닭의 기상소리에 눈을 뜬 누렁이가 멋쩍은 듯 목소리를 가다듬는다 일찍 잠이 깬 붉은 등산복차림의 중년이 이른 밭일을 나서는 건지 곧게 난 마을길을 빠른 걸음으로 멀어져 간다 밤새 당산나무 아래를 밝히던 가로등이 꺼지고 희미한 새벽빛이 그 자리를 대신한다

밤늦게까지 마신 술은 바늘이 되어 머리를 찔러대지만 나의 사전에는 지각이란 없다는 명제를 깨지 않으려고 사무실의 이른 새벽을 흔들었다 하지만 빛과 같이 집중해서 시선을 모은 긴장된 새벽이 내게 주는 것은 쉬 지나가는 성취일 뿐이었다 어둠은 변함 없이 낙안읍성에서도 후미지고 낮은 곳을 지킨다 그는 빛이 요구하는 화려한 새벽을 위해 잘난 척 나서는 것부터 천천히 내어주는 여유로운 조물주의 권능을 지키고 있다

내 삶의 의미가 흙벽 속에 스며있을 것 같아 어둠을 토닥여본다

홍매화

봄이 무르익을 무렵 구례 화엄사에서 그녀를 만난다
그녀는 조그맣게 지어진 나한전 앞마당에 자리를 잡았다
열두 번도 더 부러뜨렸을 팔이 남기고 간 흔적인지
울퉁불퉁한 욕심보따리를 허리에 매고 있다
욕심 하나 부러질 때마다 방안에서 수행 중이던 나한은 혀를 끌끌 찼을 것이다
산사의 기와지붕은 묵언수행 중이다
기와지붕 넘어 바깥세상에는 좋은 무엇이 있을 거라 생각하고 높이높이 올랐다
올라서서 밖을 보니 사바세계다
짙은 산안개가 잠시 자리를 물린다
운봉이 멀리로 보일 듯 말듯하게 춤춘다
불상 앞에서 허리 굽히는 사람들을 찾아 다시 아래로 내려온다
그냥은 봐주지 않으니 그녀는 붉은 유혹을 토한다
유혹은 욕심의 트림으로 향기를 피운다
향기를 쫓아 사람들이 모여들고 붉은 감촉으로 가슴을 채운다
사바의 소리에 중독되어 붉게 더 붉게 향기를 마신다
그녀는 자신을 검붉게 치장하여 사람을 부른다
그녀는 붉게 머금었던 범종의 여운을 전한다
그 울림을 쫓아 여위어 보이는 스님 한 분이 다가온다

헐렁한 누더기 승복에 커다란 하얀 마스크를 썼다
천천히 다가서서는 카메라를 내밀고 그녀를 탐닉한다
스님은 지금 감기에 걸린 건지 묵언수행 중인 건지 알 수 없다
그녀는 스님의 열정에 몸이 뜨겁다

공현진에서

공현진 옵바위가 나의 사랑이 되고
나는 바다가 되어 그녀와 사랑에 빠진다
나는 그녀와 밀착하고 춤을 춘다
비슷한 모습으로 춤을 추지만 똑같은 모습은 없다
가끔 휘감아 오르며 질러대는 소리는 등줄기를 적신다
젖은 등이 마르기도 전에 꿈틀대는 나의 몸짓은 갈라진 틈 깊숙이까지 닿는다
갈매기가 흘리고 간 배설물이 태양의 열기에 말라가면
사랑은 나른한 오후에 접어든다

공현진 바다가 나의 사랑이 되고
나는 파도가 되어 그녀와 사랑에 빠진다
나는 그녀 위에서 춤을 춘다
크고 작은 율동으로 춤을 추면서 소풍 가자 유혹한다
백사장이 다가오면 그녀는 하얀 손을 들어 기뻐하고 나는 그녀의 허리를 껴안고 달려간다
지칠 무렵 물가에 다다르면 나는 팔을 길게 뻗어 그녀의 치마를 들썩인다
모래 위에 나를 닮은 그녀의 흔적을 남기면
사랑은 행복에 접어든다

>

공현진 파도가 나의 사랑이 되고
나는 그녀와 사랑에 빠진다
나는 그녀를 품에 안고 춤을 춘다
심장의 소리에 박자를 맞히고 그녀의 리듬에 몸을 싣는다
그녀가 이끄는 편안한 흐름을 타고 먼바다로부터 밀려오는 전율을 느낀다
부르르 떨리는 살결이 느껴지고 그녀가 지르는 소리는 하얗게 눈 속으로 밀려든다
힘을 다한 그녀의 땀방울이 모래에 빠진 나의 발목을 적시면
사랑은 절정에 접어든다

용고개龍峴 외 2편

오 연 복

해풍 맞고 자란 유자차에 풀솜할머니 향이 물비늘로 일렁인다

첫 마중한 찻물에 유년의 외갓집이 몽실몽실 피어오른다

하얀 찻사발은 감미로운 해풍에 샛노란 그리움을 실어온다

외할머니 주름살로 양수리 용늪언덕[2]에서 용고개마을[3]까지 구름다리를 놓는다

운길산을 넘어가는 삿갓구름이 반백半百의 세월을 삼킨다

두물머리가 물안개로 수종사를 껴안으면 물비늘로 일렁이는 외할머니 미소가 그리워진다

6.25 상잔으로 서른넷에 과부가 되어 핏빛 세월의 파도를 탄 외할머니다

사남매 바라지에 빈한貧寒한 칡넝쿨의 굴레를 난마처럼 끌어안으셨다지

오모가리에 반백의 애간장을 어기여차 어야 뒤어차[4] 비벼드시면서도

호롱불 옆에서 호롱불보다 포근한 얼굴로 나에게 홍시를 떠먹여주셨지

---

2) 용늪언덕은 양수리로 통칭되는 경기도 양평군 양서면 용담리의 언덕

3) 용고개는 전북 고창군 부안면 수앙리 용현마을

4) 진도아리랑의 후렴구 "만경창파에 두둥실 뜬 배 어기여차 어야 뒤어차 노를 저어라." 중에서 차용함.

성긴 눈보라가 해풍에 흩날리던 날, 가마솥 누룽지 같은 옛날 이야기꾼 외할머니는

오십 년 공방空房을 등 뒤로 하시고 운길산을 넘어가는 삿갓구름 되어 우리 곁을 떠나가셨지

그날 빛바랜 액자틀 옆에서 시렁 위의 가시유자는 못다 뿜어낸 향내를 울컥울컥 토해내었지

선운산 IC를 지나 알미장터[5]에 들어서면 유자향 위로 풀솜할머니가 사뿐사뿐 걸어오신다

칠산 앞바다에서 불어 온 해풍이 용고개에서 나비춤을 추면 이제 막 마실 다녀오시는 외할머니 목소리가 들린다

내 강아지 왔구나, 내 강아지 왔어!

대 이파리 사각거리는 뒤뜰 장독대에 외할머니 미소가 맴돈다

마른 솔가지 타닥타닥 타오르는 아궁이에 외할머니 냄새가 군고구마 향으로 모락모락 피어오른다

밥 한 그릇 곡진히 묻어둔 아랫목 솜이불 속에는 외할머니 이창례 여사의 숨결이 일렁인다, 두물머리 물비늘로 일렁인다

---

5) 전북 고창군 부안면의 5일 장터

자전거 세 대

신작로에 제트기 구름이 몽실몽실 피어오른다
등짝이 휘도록 비료포대를 짊어지고 달리는 그분의 탄 내 나는 발자국이다
짐짝을 질끈 동여매고 있는 고무 바는 척추를 비튼다
그분의 방은 먼지 빛 햇살이 듬성듬성 내려앉는 헛간 한 구석이다
간간이 들이치는 비바람에도 등줄기의 퍼석한 구멍에 녹물이 흘러든다
삐거덕거리는 그분의 몸뚱어리는 골다공증을 앓아온 지 오래다

남한강 자전거도로에 꽃구름이 살랑인다
나는 늘씬한 탄소섬유 허리에 날렵한 신소재 신발을 신은 일류모델이다
고성능 변속기를 까딱이며 산허리같은 언덕길을 사뿐사뿐 달린다
명품 패션아웃도어를 실어나르는 전용도로에는 오색 물결로 넘실거린다
나의 집은 등허리를 기대며 앞발을 턱 걸칠 수 있는 아늑한 베란다이다
반쯤 열린 창문으로 산들바람이 스쳐든다

>

핏기 없는 그분은 고물상 한 구석에서 다비茶毘를 기다린다

나는 새하얀 벚꽃 비가 추억으로 스크랩되는 경쾌한 주말을 달린다

3D복사기가 공중파를 점령한 오늘 문득, 너의 일상이 궁금해진다

봄

바람결에 비 되어 내리던 가냘픈 벚꽃 이파리
밤사이 눈으로 쌓이고 쌓입니다
당신이 살며시 눕다 간 자리
눈도장은 가슴에 애달픈 꽃 이랑을 남깁니다
뙤약볕은 은은한 별 그림자 낯설겠지만
단풍잎새 물결치면 당신과의 사랑은
목마른 추억이 되겠지요

산모롱이 한 아름 에운 조팝나무는
애달픈 당신을 무등태우고 살랑살랑 꽃여울을 건너갑니다

손님 외 2편

- 아들의 결혼식에 부쳐

윤 경 옥

제게 아들은 어느 날 뜬금없이
준비 없는 상황에 불쑥 찾아 온 손님이었습니다
제 생각에는 잘해 주고 싶어 했지만
늘 맘만 쓰인 손님이었습니다
내 방식대로 나 혼자만 사랑하던 손님
나 혼자 섭섭해 하던 손님
나 혼자 기대다가
나 혼자 실망하기를 수 없이 되풀이 해 온 손님
그러다 어느 날 홀연히 떠나가겠다는 손님
보낼 준비도 없었는데 가겠다기에
또 내 나름의 방식대로
결혼식이란 밥상을 차려 주었습니다
결국 그 손님을 떠나 보낸 마당에
이젠 작은 일에도 철렁하던
가슴앓이는 내려 놓아야 하겠습니다
이제 내 신체의 일부처럼 민감하게 반응하던
사랑앓이는 내려 놓겠습니다

헌데 새벽부터 알 수 없는 눈물앓이는 무엇일까요

아지랑이

오랫만에 친정 뒤곁을 돌아가보았다
겨우내 장독대는 무관심을 거느리고 바위처럼 굳은
인상을 내게 보여주었다
무심했던 나는
그저 그냥 지나쳐 버리려했다
그런데 그 옆에서 숨소리가 들렸다
아주 가느다란 숨이다
순간
무심코 서 있는 눈으로
봄햇살에 넋이 나간 널 살짝 훔친다
그곳은 춤추는 시의 마법의 성이었다
나는 봄의 왕자에게 맘을 빼앗겨
아무것도 모르는체 끄덕이고만 있었다

이 봄에 내 마음을 훔쳐갈 근사한 님은 없을까

웃음 축제
- 웃음클럽

꽃 같은 사람을 만나고 싶다
꽃향기 가득한 콧등을 내밀고
서로 보듬고 살고 싶다
서로의 가슴에 삶의 비수를 숨기고 살다가도
만나기만하면 서로 따스한 눈빛 주고 받으며
괜찮다 잘했다 다독이며
함박꽃처럼 활짝 웃어주고 싶은 사람
사랑하는 맘으로 안아주고 싶은
그런 사람을 만나고 싶다
삶이 고달파 웃음이 식어갈 때
말없이 두 손 잡고 비벼주거나
함께 큰 소리내어 웃고 싶은 사람과
사랑하며 살고 싶다

* 김순진 시인의 「깻잎반찬」에서 운을 차용하다

새처럼 날고 싶은 아침 외 2편

- 꽃잎은 떨어지고 강물은 흐르네

윤 정

너와 만나기로 하고서도 한참 걸렸지
정문까지 들어가기만 하면 되던 그날처럼
너는 여전히 도도하구나
이십 여 년쯤 가지런히 걸려 있어도 표나지 않게 젊고 가난하구나
나는 때로 빛바랜 그늘에서 너를 만나
비밀스럽게 감춰둔 날개옷을 못 이기는 척 되돌려 주었지
너에게로 가던 길이 멀어 힘겹던 그날은
무척 외로웠어
그래도 행복했지 너를 믿으니까

바람이 불면 참 좋겠어
너를 기다리는 일이 숙명이 되고 보니
떨어지는 일이 겁나지 않아
너에게로 향하는 기운 역시 부드럽게 느껴져
강물도 나름대로 제 할 일을 하며 너를 기다린 모양이야
그 강 위를 떠돌던 구름 사이로 희망이 들려
새소리를 만져봐 아련한 씀바귀 향기를 그리지
창으로 흐르던 우리의 봄날이야기는 허공으로 흩어지고
그 틈에 너와 함께 계절을 갈아입으려던 참이야

금세 초록은 우리의 사랑으로 물들어가겠지
그 하루지만 함께 했던 순간으로도 충분하겠지
너에게서 시작하는 나는 행복하겠지

빨래가 있는 풍경 · 1

A학점 그녀들이 붉은 입술로 다가온다
흰 무리와 검은 무리는 따로 노는 법이다
아침은 하얀 물결로 출렁이고 그들은 젖은 어깨를 활짝 편다
해가 나면 나는 대로 좋고 바람 불면 바람 불어 좋다
구름이 지나가도 그늘로 삼으며
발을 상큼상큼 들면서 옥상공연장에서 공연을 시작한다[6]
구름에게 쓰는 편지를 바람이 냅다 가로챈다
이제 한 줄 쓰려는데 어쩌나 안절부절이다
해는 짱짱하고 바람은 어수선하니
누구나 해가 나야 반가워하는 것을 눈치 채고 가끔 심술맞게 구는 것이다
녹록하지 않은 그녀들이 합심하여 줄을 꼭 잡으면
팽팽한 줄타기가 본격적으로 시작되고 흩어진 구름조차 매무새를 갖춘다
하얀 마음으로 눈물을 닦고 포근한 마음으로 몸을 감싸주어
근심조차 넓은 마음으로 가려준다
그 마음을 모두 한자리에 펼쳐 축하공연을 한다
얼룩진 탓을 걷어 낸 자리에 보송한 기운을 채우면
땟물이 마르도록 고단함도 잘 말려서 며칠을 산다

---

6) 김순진 시인의 시 「빨래 너는 여자」 중 일부

그러다가 옆도 보고 뒤를 돌아보니 저마다 하얀 웃음이 번진다
해는 높아지고 바람도 꾸벅거리는데
관객 없는 공연장에서는 먼 산 보던 그들이 줄을 갈아타느라 바쁘다
이제 검은 무리의 2부 공연이 시작된다

빨래가 있는 풍경 · 2

검은 무리는 흰 무리를 덮기에 충분하다
젖은 눈물은 마르기를 소망하며 줄을 갈아탄다
흰 무리의 반사판 조명이 꺼지면 바닥조차 검게 드리운다
구름이 먹물을 쏟았나 보다
하얀 편지지를 빼앗겼는지 온몸으로 양기를 빨아들여
흑조의 날개를 펼치면 순백의 마음은 온데간데없다
검은 무리는 검은 무리끼리 무리지어 물이 든다
그러다가 물이 빠진 끼리끼리 줄을 서고 순서대로 퇴장한다
A학점 그녀들도 그녀들의 붉은 입술도 빛바랜 검은 물이 든다
다시 줄은 팽팽하게 제자리를 찾고
몇몇은 아직 대롱대롱 목숨을 달고 산다
줄이 닿은 그 아가씨는 아늑한 잠자리를 기다린다
지난여름, 살던 곳을 옮겨온 그 꼬리 빨간 잠자리 아가씨는
영민한 곁눈짓으로 세상구경에 여념이 없다
인터미션 없는 공연은 무료이지만 무료하다
개성 없이 1,2부를 공연하지만 나른할 뿐이다
흰 무리 검은 무리 떼지어 공연장을 드나들지만
소문난 잔치에 먹을 것 없다더니 팬터마임만 가득하다
다시 앵콜을 외치면 그들은 어울림의 피날레를 장식한다
상큼상큼 발을 들던 주연의 웃음소리 하얗게 번진다

바람 불어 좋은 날 외 2편

- 구리시 유채꽃밭에서

이 병 옥

풀잎이 꽃잎보고 웃어요
꽃잎이 나무보고 웃어요
나무는 뒷산보고 웃어요
뒷산은 앞산보고 웃어요
앞산은 강물보고 웃어요
강물은 바람보고 웃어요
바람은 하늘보고 웃어요
하늘이 세상보고 웃어요

마주보고 방긋방긋
다시보고 빙긋빙긋
예쁘다고 생글생글
고맙다고 방글방글
풀잎마다 웃음꽃이 피어나요
나무마다 기쁨 꽃이 피어나요
바람마다 행복 꽃이 만발해요

뻥튀기

오일장이 서는 시장의 평일은 한가하다
문 닫은 가게가 즐비한 골목 모서리
낡은 천막을 용케 찾았다
밤새 배고픈 로켓이 무말랭이를 먼저 먹고 허공을 돌고 있다
잠자던 추억이 일어나 빙빙 돌아간다

농한기면 털보아저씨가 손수레에 로켓을 싣고 찾아왔지
양지에 진을 친 로켓을 발견한 아이들은 어른을 졸라
각각의 로켓 탄약을 들고 와 줄서서 기다렸지
빙글빙글 돌다가 배기가스를 분사할 즈음이면
아이들은 가슴 졸이며 손으로 귀 막고 한 톨 실수 없기를 빌었지
로켓을 발사한 순간 뜨거운 김을 동반한 자루 풍선에서
쏟아져 나온 푸짐한 양에 아이들 얼굴마다 꽃이 피었지
그런 날이면 온종일, 동네 주전부리 잔치가 벌어졌지

잠시 정겨운 시절로 돌아간 그때
말린 뚱딴지 봉지를 든 손님이 천막 안으로 들어선다
앞 가게 주인은 헐값에 사둔 땅이 팡 터져서 건물을 짓는 중이고
저쪽 새 상가는 운이 팡 터져서 대박이 났다고 자랑이다
한 방에 팡팡 터진 사연을 뚱딴지처럼 주워섬기나

천막 주인은 반듯한 가게 하나 갖고 싶은 게 소망이다
로켓이 쉴 새 없이 발사되면 좋겠다고 생각한 그새
흰 밥풀 꽃이 아닌 차(茶)로 변신한 무말랭이가 쏟아져 나온다
로켓도 가끔 다이어트가 필요한가 보다

고양꽃박람회

그이의 초청을 받은 국제 미녀들이
폴폴 향기 날리며 무리 지어 왔다지요
작은 이름표를 단 미녀들이 죽 늘어선 호수공원은
오색 물결 넘실넘실 장관입니다
치장으로 변신하고 모여앉아 우리 좀 보아 주세요
제발 그냥 지나치지 마세요
뭇 사내 앞을 알짱거리며 요염한 미소로 유혹합니다

아마 내가 그 화려함에 취했나 봐요
갑자기 멀미가 납니다
보면 볼수록 그녀가 그녀 같아서 헷갈리고요
이쪽 보랴 저쪽 보랴 한참 정신 못 차리겠더라고요
참 생뚱맞은 일입니다

이런 내 갈등을 미녀들이 눈치챘나 봐요
우리가 한마당에 모인 목적은 단순히 미모 자랑이 아니랍니다
도시인의 메마른 감성을 키워주는 행복 비타민으로
기꺼이 참여했노라고 합창합니다
꽃보다 더 아름다운 사람들의 도시 만들기에 공들이는
그이의 속내를 천천히 읽어 보았지요

우선 재능과 미모의 어울림이 멋져서 흐뭇했고요
숨은 정성이 맺은 평화의 열매를 보았기에 기뻤습니다

보슬보슬 봄비에 더 행복한 세상을 꿈꾸던 그이
육백 년의 문화를 자랑하는 고양이 낳은 효자가 분명 했어요
가보세요
멀미나는 꽃구경 볼 만합니다

4부

새벽을 깨우다

꽃의 묵시록 외 2편

이 형 근

고양꽃박람회에 갔다
꽃 꽃 꽃
사람 사람 사람
그가 써내려간 묵시록의 머리글이다

그의 탄생 전야는 불꽃으로 시작됐다
별이 폭포되어 쏟아진다
그의 제단에는 꿈과 사랑과 평화의 메시지를 담은 일억 송이의 희생 제물이 올려졌다
그의 장막은 전통과 현대가 어우러진 환상의 향연장이다
그는 전설이 되었다
옛이야기가 흐르고 추억의 향을 피운다
상상의 나래를 타고 꽃 터널을 지나
아치로 장식된 그의 정원을 거닐어본다
멋과 맛이 어우러져 최상의 하모니를 연출한다
꿈결 속 꽃세상이 그의 지성소로 인도한다
그의 생애는 봄날이다
성스러운 아름다움으로 계절의 여왕을 맞이한다
봄과 꽃 그리고 시
최고의 앙상블을 연주한다

그를 찬양하기 위해 증발되어지는
추종자의 행렬은 끝이 보이지 않는다
그가 쌓아놓은 꽃아름의 두께가 멋스럽게 어우러진다
퇴적의 기록으로 남아 꽃의 신세계가 열린다
마음과 마음이 통하고 삶으로 잉태된다
그의 목록을 채울 꽃의 언어들이 떼지어 들어온다

오늘은 그의 성전에 꽃비가 내린다
오늘은 그의 묵시록에 사랑비가 내린다

초록

초록은 꿈꾼다

초록은 태곳적 숨을 쉰다

초록은 빛으로 태어났고 그 빛은 궁창에 닿았다

초록은 차가운 광야의 흙먼지에 덮여 아무도 모르는 색으로 빚어진다

초록은 남색바람을 타고 실버들로 찾아온다

초록은 벚꽃사랑으로 외롭지 않다

초록은 초야를 치룬 새색시의 수줍음을 빼닮았다

초록은 따가운 햇살 아래에서 산고의 비명을 지른다

초록은 또 다른 생명을 낳을 준비가 되어있다

초록의 마음은 검정보다 더 깊고 빨강보다 더 뜨겁고 노랑보다도 더 순수하다

초록은 풀잎 사랑채에 누워 하늘을 꿈꾼다

초록 연잎 위에 하얀 연꽃이 부끄럽게 민낯을 드러낸다

초록은 듬직한 산등성이에 기대어 또 다른 초록을 기다리며 숲향을 유혹한다

초록은 마당바위에 그늘을 만든다

초록으로 부서지는 계곡물은 새소리와 바람에 실려 협주곡을 연주한다

초록은 초록을 초록이라 부를 때 이미 초록이 아니듯 새로운

초록은 또 다른 초록에게 사랑을 고백한다

초록은 짙은 초록바다 속으로 빨려든다 여름이 뜨거워지면

초록은 조금씩 지쳐간다 드센 비바람에 부대끼고 찢어지고 넘어진다

초록은 사랑하는 이에게 자리를 내어주고 싶어한다

초록은 가슴에 멍이 들어 지난 이야기를 쏟아낸다

초록은 세월의 무게를 벗어버리고 조용히 기다린다

초록은 내려놓음의 미학을 깨닫는다

초록은 이제 초록 스스로이기를 바라면서 또한 함께 하기를 소원한다

초록은 진정한 순례자이며 방랑자되기를 소망한다

라면요리

나른한 주말 오후다 출출하다 밥하기는 귀찮다 굶으려니 서운하다 찬장을 뒤적인다 라면이 수북하다 종류별로 다양하다 얼큰한 맛이라면 신라면이다 화끈한 맛이라면 열라면이다 시원한 맛이라면 생생라면이다 진한 맛이라면 진라면이다 라면요리를 만든다 배 터지게 먹을 라면요리를 만든다 다이어트랑 상관없다

재료를 준비한다 라면 계란 연어캔 공깃밥 모짜렐라치즈 후추 파 양파 당근 김가루 재료가 많다 물을 끓인다 2/3정도만 넣고 팔팔 끓인다 끓을 동안 기다린다 기다리는 동안은 지루하다 지루하면 라면을 부순다 빠삭빠삭 잘게 봉지째 부순다 그래도 시간이 남는다 연어 캔을 딴다 알래스카 연어다 붉고 연한 살코기다 비싸다 아깝다는 생각이 든다 연어를 으깨 버무려놓는다 당근 파 양파는 조각조각 잘라놓는다 물이 끓는다 팔팔 끓는다 본격적인 요리를 시작한다 잘게 부순 라면을 넣는다 스프를 넣는다 버무린 연어 살코기도 넣는다 잘게 썬 당근 파 양파도 집어넣는다

밥을 넣는다 한 공기 다 넣는다 후추가루도 넣는다 사정없이 뿌려 넣는다 살살 저어준다 보글보글 라면연어죽이다 이제부터는 비빈다 마구 비빈다 양손으로 비빈다 오른손으로 쓱쓱, 왼손으로 싹싹 뒤집으며 비빈다 계란을 넣고 또 비빈다 연어기름도 마저 넣고 비빈다 연어비빔밥이다 불 위에 계속 올려놓는다 조금 기다린다 넓게 펼쳐 놓는다 냄비 바닥에 눌러 붙는다 노릇노릇 빈대떡이다 모짜렐라 치즈를 뿌린다 향이 난다 길게 실타래를 뽑아낸다 얇고 고소한 마르게리타 피자가된다 김가루를 살짝 뿌린다 고소한 냄새가 난다 기름이 잘잘 흐른다. 철판 볶음밥이다 숟가락만 있으면 된다 김치랑 단무지를 추가한다 양이 어마어마하다

주말 오후가 배부르다 햇볕이 눈에 쏟아진다 쇼파에 누워 또 한잠을 청한다

어머니가 켜놓으신 따스한 불빛 외 2편

임 진 환

서울에서 가장 땅값이 비싸다는 강남의 압구정동 한양아파트 705호 주인이
경기도 하남시에 있는 허름한 요양원 302호 주인이 된지 어느새 삼년
자식들은 본인의 의사와는 상관없이 조용하고 공기 좋은 곳이라며
어머니를 인적도 뜸한 한적한 요양원에 모셨다
평생을 모은 재산을 자식들에게 다 나누어주고 나니
자식들은 하나같이 어머니에게 쓰는 돈을 마치 제돈 쓰는 양 아까워서 벌벌 떤다
제 새끼한테는 값비싼 명품 사주는 것을 아까워하지 않으면서
부모 재산 받아 살면서도 저를 낳아준 부모에게는 인색하기 짝이 없다
재작년 겨울방학 때 맏아들이라는 못난 놈은 서울이 춥다면서
제 가족들을 데리고 하와이에 가서 두 달을 지내다 왔다
요양원에서 외로움에 떨고 계신 제 어머니는 안중 어디에도 없다
어머니는 여든 해를 살아오면서 자식들이 원하는 것이면 뭐든 다 들어주셨다
좋은 것 입히고 좋은 것 먹이고 명문 사립학교에 유학까지

그야말로 명품으로 자식들을 키우셨다

허나 지금 그 어머니에게 돌아온 건 허름한 요양원 침상에 누워

요양사 아주머니가 떠 넣어 주시는 멀건 흰죽과 요구르트 두 개 우유 한 개가 전부다

어머니의 뼛속 환한 구멍마다 자식들이 벗어놓은 비늘이 보인다

아는지 모르는지 그저 눈만 깜빡이시는 어머니

나뭇결 삭이는 숨결을 내뱉으시는 깊게 패인 이마엔 훈장처럼 세월이 걸려있다

그 세월 속에 어머니가 켜 놓으신 따스한 불빛이 희미하게 창 밖을 내다보고 있다

서너 달에 한 번씩 찾아오는 자식들이 온다는 기별이오면

멀건 풀죽 같은 끼니도 마다하고 방문 옆 벽에 걸린 벽시계만 연신 바라보신다

그러나 자식들은 지금 어머니의 모습이 곧 내게 닥칠 일이라는 걸 모른다

오늘 따라 벽시계를 바라보는 휑한 어머니의 눈꺼풀이

파르르 떨리고 있다

새벽을 깨우다

우리 동네에서 제일 먼저 새벽을 맞는 사람은
부지런하기로 소문난 김씨 할아버지다
젊었을 땐 초등학교 선생님을 하셨고
지금은 폐지를 주워 번 돈으로 용돈을 쓰신단다
폐지 주워 번 돈으로 일주일에 한 번씩은 콜라텍에도 가고
콜라텍에서 만난 할머니와 데이트도 하신다
숙이네 할머니 최 권사님은
365일 하루도 거르지 않고 새벽기도를 가신다
숙이 삼촌은 나이트클럽에서 문지기를 하는 기도란다
최 권사님 기도는 오직 숙이 삼촌이 나이트클럽 기도를 그만 두는 거란다
최 권사님이 새벽기도를 가기위해 집을 나설 때
숙이 삼촌은 나이트클럽 기도 근무를 마치고 집으로 돌아온다
청차가 와서 집집마다 대문밖에 놓아둔 쓰레기들을 걷어가고 나면
잉크도 채 마르지 않은 아침 뉴스들이 마당 안으로 들어온다
세탁소 박씨네 부부가 셔터 문을 올리고
마을버스가 시동을 걸어도 새벽은 꼼짝 않고 버티다가
두부장수 종치는 소리

철이네집 개 짖는 소리에 놀란 까치들이 나무 위로 숨어드는 소리가 들려오면

새벽은 그제서야 슬그머니 자리를 뜨고 아침에게 하루를 건넨다

아직 퇴근하지 못하고 잔업을 하던 새벽달이 구름 뒤에 숨어 하품을 하고 있다

별 세다 잠든 아이

별 못보고 자란 도시아이가 문구점 뽑기기계에서
오백 원짜리로 별 닮은 플라스틱 불가사리 건져올린다
오늘은 운이 좋은가 보다
별의별 장난감이 다 따라올라 온다
콧노래까지 흥얼거리며 집에 왔는데
엄마한테 호되게 야단만 맞았다
별 수 없이 반성문 쓰다 잠이 들었다

별 보고자란 시골아이는 별 따먹기 하며 논다
저 별은 나의 별 저 별은 너의 별7)
셀 수 없이 많은 별을 나누어 가졌어도
하늘엔 주인 없는 별들로 가득하다
별 하나 나 하나 별 둘 나 둘
별 세다 잠든 아이 꿈속에서도 별하고 논다
대문 밖 감나무에 큰 별 하나 걸려있다

---

7) 윤형주 노래 '두 개의 작은 별' 노랫말의 일부

자화상 외 2편

정 아

고정된 자리에서 가족을 지켜보고
매무새를 정돈해준 그에게 자유를 주기로 했다
가끔은 중년이 좀 봐줄만한 청춘에 가깝기도 한다
꽉 낀 레깅스를 입은 모습에 좀 민망해하기도 한다
물기 촉촉한 얼굴을 들여다보는 청신한 모습은 그도 내 가슴도 뛴다
헝클어진 머리카락을 정갈하게 만들어주고 정신까지 맑게 해준다
사랑의 정표로 가슴에 품었던 옛 시절도 있었다
지금도 그는 어디에서든 대우 받는다
어릴 적 넘 신기해서 친구들과 비춰본 세상
앞산을 품고 저 너머 하늘까지도 보였던 그 풍경을 잊을 수 없다
전신을 보이게 했던 그 면적이었다
오늘 그가 춤추듯이 밖으로 탈출했다
삐그덕거린 다리가 부서지고 맑은 얼굴에 흉터가 생긴 이유다
동병상련일까
어디가 덧났다며 나와 닮은 이들이 곳곳에 자리 잡고 있다
한때는 폼 나게 사랑받았을 것이다
그래도 좋다
보이는 세상이 참 넓고 아름답다

초록집 그녀

투명한 유리성안에 옹기종기
알록달록 철없이 넘쳐나는 그들 속에
봄이 갈 무렵 그들이 옵니다
철모를 쓴 위풍당당한 모습입니다
목이 마르고 열이 오른 날
그는 넘쳐나는 기쁨으로 우리에게 다가옵니다
그를 나는 유난히 가슴 벅차게 좋아합니다
그와의 추억도 유난히 많습니다
그를 보기 위해서 그보다 열 배 넘는 애기집을 짓고 참으로 많은 영양을 줍니다
예쁜 울 언니 어느 날 배 부른 것처럼
햇살과 바람과 이슬을 먹으면서 큽니다
그렇게 나의 오래된 기다림은 한순간 쑥대밭이 되기도 했습니다
그대가슴도 내 가슴도 물컹물컹 했습니다
냉정하게 보고 싶지 않지만 철없는 나는
그럴수록 그를 옆에두고 철이 들기를 기다립니다
초록이 진해지고 그는 더 탱탱해지고
열정 가득한 사랑을 안고 달콤하게 내게 옵니다
나는 동글동글한 그에게 기쁨도 슬픔도 사랑도 행복도 진하게 주고 싶습니다

그의 부드러운 속살과
달콤한 향기처럼 누구에게 나도 물들고 싶습니다
수박 한 덩어리에는 내 삶이 온전히 담겨져 있어
철이 든 만삭의 내가 보입니다

하루하루

아침 나를 깨우는 소리
봄의 왈츠에 나는 발레리나가 되어본다
꿈이 아닌 생시다
두근두근 설레이는 마음이다
그와 나는 두근거림으로 만난다
사각사각 조간을 넘긴다
풍경과 글이 나를 두근거리게 한다
창문 너머 울어대는 종달새 소리
지지배배 아침을연다
종달새 사랑의 세레나데 마음이 나를 닮았다
바람이 불어도 두근거린다
비가 와도 두근거린다
뭉게구름 한 점 없는 하늘만 봐도 두근거린다
어느 분위기 좋은 찻집을 봐도 두근거린다
두근두근한 마음이 있다는 것은
내 마음 닿는 곳에 설레임이 있다는 것이다
나는 두근거리는 가슴을 안고 하루를 만나 소곤거려본다
두근거리는 하루가 쌓여간다

공갈돼지 외 2편

전 하 라

우리 가족은 새벽빛이 채 오르기도 전에 눈을 비비며 일어선다
아버지는 오빠들에게 물을 가져다 먹이라 한다
장터로 향하는 돼지가 통통 불어있다
밤새 잠을 설친 아버지의 얼굴도 그을린 돼지털빛이 난다
시장통으로 향하는 리어카에 늘어진 검은돼지의 젖줄이 살짝서 있다
젖 빨린 새끼들이 수십 마리는 되었겠지
시장통에 들어서자
곳곳에서 들리는 돼지가가 물컹하다
구수에 물을 먹일 때부터 실감한 예고편이다
물을 먹였다고 말하고 싶지만
아버지의 눈치가 굉음으로 울려퍼진다
이미 낮빛은 지폐에 쏠려 있는 전씨
막걸리집 노란주전자에는 술이 비고 비었다
백운댁 한 주전자 더 줘
아이고 전세환 그만 마셔요
신세타령이 흥건하게 쌓일 즈음
섭이네 집 가마솥에서 팔팔 끓고 있는 물이 격랑의 해전을 일으킨다

물향기 수목원

모처럼 너를 찾아간 길
고운 햇살에 바람이 곱다
너를 따라 해바라기를 한다
네가 채반에 생선을 펼쳐 말리듯
나도 나를 펼쳐 일주일의 피로를 말린다
늘어난 너의 허리가 뒤뚱거린다
너의 햇살이 숨을 몰아쉬며 계절의 징검다리를 건넌다
왜 늦게 왔느냐는 너의 채근에 나는 사족의 시간들을 되고한다
수양버들 진달래 명자꽃
너는 주머니에 바람을 숨겨와 꺼내놓는다
민들레 개나리 버들강아지
너는 주머니에 웃음을 숨겨와 꺼내놓는다
호숫가 아이들은 봄볕을 튕기고
너는 물수제비뜨기가 한창이다
징검다리 건너가는 너의 발목이 초록이다
벤치에 앉아 떠들고 있는 너의 입술도 초록이다

봄볕이 들면 산으로 엄마와 진달래꽃을 따러갔었다
진달래꽃이 마대 가득 배부르면 머리에 이고 내려가는
엄마를 검정고무신 질질 끌며 가던 단발머리 간난이…

화주 속으로 스며든 연분홍 꽃잎이 육자배기를 한 판 구성지게 불러대면
어머니는 밭에 나가 반짝이던 봄볕을 오려다 무쳐냈다
스스로의 팔자를 가늠하던 콧수염을 쓰윽 닦으시며
바람을 묶으려고 애쓰다 가신 아버지의 쇤소리가 들린다

꽃이 된 남자

- 카랑코에

정발산역 광장에서 세계각국 사람들이 훌라춤을 춘다
게이트마다 꽃들이 열애를 한다
하나에서 둘, 수만 가지 꽃눈이 그를 기다린다
그가 광장에 도착하자 꽃들은 제각각 색을 내며 도발을 한다
비의 틈새로 열리는 환한 미소들이 네덜란드 튤립들을 끌어온다
룸바 춤을 추는 발끝마다 차차몰이가 한창이다
그가 움직일 때마다 화한 박하사탕꽃 수만 송이가 피어난다
꽃이 되어버린 그 남자
꽃사슴 목울대를 울리는 그가
꽃바람되어 호수공원을 스쳐간다
비가 내리는 꽃잎에 웃음이 넋을 놓을 때
카메라 셔터 속으로 포즈가 딸려간다
마치 화선지에 베이는 떨림처럼
그를 향해 달려가는 설렘으로 숨꽃이 멈출 것만 같다
나트론 호수에서 석상이 되어버릴 것 같은 나,
점점 멀어져가는 그를 바라봐야 하는 나
꽃술에 노란눈물을 턴다
비가 개인 오후
마다가스카르를 향해 노랑나비 날개깃을 펼친다
하쿠나마타타 하쿠나마타타

어깨 외 2편

조 은 숙

그가 왜 떠났는지 묻지 마라
어깨가 움츠러든다

지금까지 뭐 했느냐고 묻지 마라
어깨가 좁아든다

아이가 어느 대학에 갔느냐고도 묻지 마라
어깨를 숨기고 싶다

어떻게 그렇게 예쁘냐고 물어라
어깨 좀 펴게

얼마짜리 옷인데 그렇게 예쁘냐고 물어라
어깨 좀 으쓱거리게

아이들이 어쩜 그렇게 잘 생겼느냐 물어라
어깨에 힘 좀 주게

블루를 추억하다

저녁
검푸른 하늘 어슴푸레 저녁으로 넘어가고 있는
그 빛의 심장이 아리다

첫사랑이 떠난 후
안동으로 향하는 직행버스 안에서 바라본 검푸른 하늘
그 서늘함에 주저앉고 싶었다

중학교 2학년
사춘기가 왔던 그해
장마가 끝나던 어느 여름날 저녁
그 하늘빛은 나를 삼키는 듯 했다

세룰리안 블루가 코발트빛 블루를
코발트빛 블르가 블루를
블루가 스카이 블루를
스카이 블루가 라이트 불르룰
서녘 하늘의 푸른빛을 글라이에이션 쳐놓고
점점 블랙으로 향했다

그 후 먹먹해진 내 가슴은
푸르게 멍들었다

사랑

느그 아부지가
너무 여자를 봐싸서 속이 상하다

니 아부지가
너무 술을 좋아해서 속이 뭉그러진다

중학생인 나는
어머니의 절규에
눈만 껌벅일 뿐이었다

잔디 외 2편

최 문 옥

이토록 당신만 바라보고 아끼게 될 줄
당신을 만나기 전에는 몰랐습니다
당신 곁에 나 말고 누구라도 살가울까봐 보이기만 하면 떼놓았으니까요

몇 년 전에, 제비각시꽃이 간간이 피어 예쁘다고 놔둔 적이 있습니다
일 년이 지나자 제비각시는 얼씨구나 좋다며 모락모락 꽃을 피웠습니다
아량은 베푸는 것이 아니었어요
지금도 그 시앗들을 거두느라 어깨가 빠지는 듯합니다
토끼각시도 틈만 나면 당신 곁에 거나한 살림을 차리지만 이제는 속지 않습니다
나는 살림살이가 보이는 대로 탕탕 부수어버리지요
괭이각시며 쑥각시며 이름 모르는 각시도 여럿,
서리가 내릴 때까지 각시들은 붙고 나는 뽑고
아, 당신만 모지락스럽게 건사하였습니다

썰렁하더니 어깻죽지부터 소름이 돋습니다
오늘처럼 추적추적 내리는 비는
나한테 머리 뜯긴 각시들이 흘리는 눈물인가 봅니다

영정사진

마지막까지 내 곁에 두고 싶었던 동갑내기 친구는
심장암으로 돌아올 수 없는 강을 건넜다
경북대학교 영안실 201호에는 흩날리는 벚꽃 사이로
배시시 웃던 친구가 비스듬히 기대앉아 나를 반긴다
남편이 사진작가라고 하더니 감각이 살아있는 흑백사진으로 웃는다
가슴에 있던 싸한 슬픔이 눈가를 타고 흐른다

사진관을 하시던 아버지가 40년 전에 준비해두신 엄마의 영정사진
아흔세 살에 떠나신 엄마는 나보다 젊은 얼굴로 조문객을 맞이했다
검은 머리에 날카로운 눈매는 낯선 얼굴이다
나를 머언 추억 속으로 데리고 간다

모진 세월의 강물을 벌컥벌컥 마신 엄마는
머리색은 하얗게 바래갔으나 고택 마루의 결처럼 창연해졌다
고마워요를 입에 무시고 미소를 가슴에 달고 느리게느리게 걸었다

내 장례를 생각해본다
엄마처럼 젊은 날의 초상을 내걸어도 깜찍하겠으나
다만 넘치는 조화 대신
내가 죽은 3일 동안 영안실 시화전을 하고 싶다

빠져나가는 여자

지금 내 몸에서 한 여자가 빠져 나가고 있다
영옥이는 가슴이 답답하다며 자다 일어나 운동장을 빙빙 돌았다
내 나이적 엄마는 화가 치민다고 가슴을 쳤다
그 여자가 가슴에 화로를 끌어안고 붉으락푸르락 한다
가슴에 달을 품고 스스로 차오르던 여자
천국의 열매를 셋씩이나 매단 여자
한 남자의 영욕을 주관했던 여자
최씨 가문을 빠져나와 차씨 가문을 일으켜 세운 여자
사과나무로 자라 사철 꽃피던 여자
안으로는 시들해도 밖으로는 늘 푸르던 여자
그늘이 싫어 스스로 그늘을 드리우던 여자
사소한 사랑에 목숨을 걸고 싶었던 여자
밥보다 별을 좋아하던 여자
꽃잎 한 장 주우며 미소 짓던 여자
수많은 고비를 넘기며 무지개를 찾아다니던 여자
사십여 년을 함께 살며 주인행색을 하던 그 여자가 빠져나가고 있는 길목에서
나는 길을 잃고 서성거린다

한 남자가 자꾸만 들어오려 문 틈새를 엿보고 있다

인동초꽃 외 2편

추 민 희

겨울왕국을 부수고 비행한지 몇몇 달이냐
여명 한 조각으로 허기를 채우고
상해의 흙탕물 안개로 조갈을 달래며 비행한지 몇몇 달이냐
새벽 구름 한 조각을 익숙한 솜씨로 간식 만들어
장대 끝 보퉁이 달아 한뎃바람을 가슴 틀어막으며 날아왔느냐
발은 동상으로 빨갛게 붓고 고리진 밤톱마다 인애의 날개를 달았구나
남쪽문 들어설 때 보니 씌여진 왕관이 형용색색 아름답구나
얼마나 많은 날 날고 날아 다다른 남쪽 지친 날개를 보수하고
언 발은 치료하고 몸조리 잘 하거라
왕관은 빛나도록 걸어두고 여정은 풀어 잘 말려
이 땅이 추워져 웅신할 수 없을 때 다시 쓰거라
꽃피고 새 울어 길섶 메운 수천의 동무들
숲은 팽창해지고 고즈넉이 뿌린 햇살은
너를 위한 만찬이니 맘껏 먹고 놀아라
바람의 들려주는 장단에 그저 고단한 날갯짓 흥 돋우며
고운 자태 드러내고 쉬거라
푸른 비단금침은 너를 위한 선물이구나
갈 때가 되거든 꽃등 하나 밝혀놓을 테니
인사는 그때 하늘에 둥그런 원하나 그려놓고
기약의 인사로 대신하자꾸나

일 년 열두 달

같은 모습에 다른 옷으로 차려입은 형제자매들이다
돌림자가 월인데 이 녀석들 성격 한번 특이하다
일월이 녀석은 세상을 흔들고 얼리기도 하며 변덕을 부린다
하얀 원피스 입고 소나무에 앉아 울 때도 있다
이월은 일월과 닮은꼴이지만 깡마른 인상이 험악하다
삼월이는 노란민들레 걸음으로 신방 서방님 시중든다
살구꽃과 복사꽃이 화사한 동양화 걸어놓고 이슬에 젖지 않는 천상 여인이다
사람들은 사월이만 보면 주체 못할 흥분에 그녀의 치마 속을 탐닉한다
라일락 향기 같은 그녀에게 홀린 탓이리라
오월이는 쌜쭉 삐쳐있지만 기품 있는 여왕이다
어린이를 위한 잔치는 물론 어른 스승 근로자 부부할 것 없이 매일 잔치를 연다
유월이는 사람들이 못마땅해 여치 메뚜기 개구리 온갖 곤충 다 불러내 들로 나가 이상한 놀이에 빠져있다
첫사랑 닮은 제비꽃이 살갑다
칠월이네 집 마당엔 수박 넝쿨 짙푸른 한낮 열기가 아스팔트를 끓이고 있다
큰 아궁이는 천지를 끓인다

파도치는 바다는 가슴 뜨거운 열망을 녹인다
팔월이는 지치지도 않는다
잎사귀의 힘을 뺏고 푸르름마저 데친다
구월이는 단물이 흘러 비옥한 땅에 맨드라미 머리 반들반들하고
해는 미끄러워 서지도 못한다
시월이는 풍작을 일궈내 뽐낸다
잎새마다 고운 화장 덧바르고 살랑이는 바람 앞에 패션쇼가 한창이다
구름도 물그림자에 담겨 샛잠을 잔다
십일월이는 아름다움을 밀어내려는 사나운 성격이다
한껏 치장한 나무를 들볶는다
십이월이는 황량한 들판에서 알몸을 내놓고 부끄러워한다
한 때는 영웅으로 북풍과 협약하고 거친 작대기를 휘갈기며 산마루 토벌하는 용사였다

열두 형제 잉태로 버거운 걸음을 마다하지 않는
뭇 생명 보듬는 대지의 모후여

사모곡

어 머 니, 세 글자 써놓고 눈가에 이슬을 훔쳐냅니다
당신께서 산 위에 계시니 제가 솔바람되어 만나러 갈게요
훌훌 새바람 데리고가 당신계신 곳 청소도 하고
새로운 꽃그림도 걸어드릴게요
어머니, 당신이 바다 멀리 계시니
작은 배 띄우고 몇날 며칠 노 저어
풍랑 속에 잠드신 그 바다로 깨우러 갈게요
아침 하늘햇살처럼 밝고 점심나절 풀잎 위 이슬처럼 영롱하셨고
저녁 하늘 초승달 같이 여리던 그 모습 그리워요
어머니, 당신을 만나러 어디든 갈게요
이따금 삶에 지쳐 구슬땀을 닦으실 때면
그 무거운 짐 대신 내 날개 위에 싣고 멀리 가져다 버리고 싶었는데
제가 이렇게 큰 독수리가 되어서도 대신하지 못하여
철부지적 그늘 그 아늑한 숲을 그리워합니다
가슴 터져 붉은 연산홍 빛 회안만 솟아냅니다
한 마디 내색조차 없으셨던 어머니에 길을 제가 가고 있습니다
부모노릇이 이다지도 힘에 부쳐 휘청이는데
어머니, 당신께서 가신 길

걸으신 길만 따라가기도 버거워 뜨거운 눈물만서리네요
저산마루 무지개로 피고 저 바다 끝 파도로 출렁여도
닿을 수 없는 손끝이 저려옵니다
어서일어나 밥 먹고 학교가야지
호루라기보다 더 크게 귓전을 울리던
당신에 목소리가 그립고 아쉽습니다
아무리 급해도 눈곱은 떼고 먹어야지
눈곱 떨어지면 발등 깨지겠다며
수건 따스하게 적셔 얼굴이며 손등을 닦아주시던
나의 어머니, 그리움이라 써놓고
사랑이라고 고쳐 읽을 게요

복수초 외 2편

한 상 현

한 그루 바람꽃이다
삭풍의 언덕 비집고 일어선 복수초
얼음 커텐에 싸인 거푸집
바람만 불어도 무너져 내린다
거푸집을 녹여야만 세상을 본다
노오란 웃음 전생의 인연이었으리라

설연화 얼음새기꽃
혼돈의 시야 헤쳐 가부좌 틀고
면벽하는 수도승이다
꽃을 피운다는 것은 얼마나 복된 일이랴
절망의 늪에 선 현실을
묵상으로 이겨내야 한다
꽃대로 밀어 오른 노란 꽃잎 열어
미움을 슬픔을 아픔을 치유 한다
꽃을 피워낸다는 것은 생명의 메시지
살아있는 것의 의무이자 존재의 가치리라
설원의 표피 열고 미소의 꽃잎 열면
황금빛 아침이 햇살을 뿌려준다
경칩 지나 청명 찾아와 쏜살같이 달아나는

노루귀 꽃잎 떨어진 자리
다음 생을 위해 자리를 깐다는 건 꽃의 의무요
경이로운 존재의 가뭇한 흔적이리라

나는 오늘 문을 열고 꽃을 반긴다

소금

예전엔 몰랐다
그대의 존재가 이토록 위대할 줄
예전엔 미처 몰랐다
아파보니 알았다
건강식이라는 식단
그가 빠진 끔찍한 식단은
결코 사람이 먹어서는 안 되는 것이었다
왜 사는가 명제에
먹으려고 산다는 식객에게
그가 빠진 음식은
기사회생 한 나를 매일 죽이고 있다

그랬구나
비로소 알았다
왜 선인들이 그대를 금이라 불렀는지
황금도 아닌 것이
보석도 아닌 것이
작디작은 알맹이가
살아있는 모든 것에 빛이요 생명이요
사랑이었다는 것을

그때는 미처 몰랐었다

김치찌개가 부른다
얼큰한 동태탕에 폭 빠져보리라
꽃게탕아 기다려라
사워재계 후 그대 품에 풍덩
자유형 배형 접형으로 함께 놀아보자꾸나

그때는 몰랐었다
왜 금이라 불리는지

겨울 산 외 2편

한 상 현

겨울 산에는
높고 낮음 시작과 끝
삶과 죽음의 경계가 사라진다
대립은 아무 의미가 없다
사랑도 애증도 겸허로 포용해야 한다
소롯길은 더욱 좁아지고
길 끄트머리에 서 있다
꽁꽁 얼어버린 물 위를 걷는다
깊은 곳에서는 생명이 흐르고 있다
바위는 침묵으로 사유하고
고사목은 기도로 영원을 꿈꾸고 있다
초록을 벗은 나무는 산을 알고 있을까
가장 낮은 곳으로부터
가장 높은 곳으로 흘러간다는 것을
은혜의 잔가지 위에 세례의 꽃을 피운다
삶이 부끄러워도 울 곳이 없다
소리쳐 울고 싶을 때 산으로 간다

그 곳에서 비로소 나는 나를 만난다

자세 외 2편

황 선 양

달인이 되기 위해서는 주름살이 필요하다
그릇에 무엇인가를 담기 전까지는 잘 알지 못한다
골프스윙을 처음에 잡지 않으면 잘하기란 어렵다

망망한 바다에서 고요와 파도와 싸우며 거대한 고기를 낚아 올린다
상어떼에 고기를 잃어버리고도 꿈을 포기하지 않는다
눈보라가 치고 파도소리가 들려온다 밤이가고 낮이온다
바다와 노인의 그 모습을 바라본다

킬리만자로의 표범은 먹이를 찾아 며칠을 헤메인다
산꼭대기까지 올라가 얼어죽는다
그는 조급해하지도 후회하지도 않는다

마음 안으로 깊이 가면 황금꽃이 보인다
밖으로 향하면 수천수만 가지 새가 날아간다
마음 안과 밖의 모양이 달라진다
그들의 자세에서 극을 본다
그에게에서 음과 양을 본다
그에게서 희망을 본다

바람의 주소

아침이면 밝아오고 저녁이 되면 어두워지고
해가 움직이고 달이 움직인다
시간에 따라 그의 흐름이 바뀐다
움직임이 극에 달하면 고요에 이르고
고요가 극에 달하면 움직이기 시작한다
움직임이 강하면 강할수록 그는 거세진다
고요가 깊으면 깊을수록 신神은 밝아지기 시작한다
그를 다스리지 못하면 폭풍우가 생기고
고요는 오지 않고 몸이 상한다
고요하고 세세하게 다가가야 한다
그것마저 잊어버려야 한다
해와 달 속에 그가 숨어 있다가
그를 담는 그릇에 따라 모양이 만들어 진다

들고 나는 바람 속에 생사生死의 끈이 달려있다
그것을 팽련烹煉하고 채약採藥하면
단丹이 열리고 밝아지기 시작한다.

또 다른 나
양신陽神이 내 안에 자라난다

내안에서 자유로워지면 정수리에 꽃이 핀다
꽃은 여러 개로 나투어진다
마음의 상들은 침묵 속으로 떨어지기 시작한다
그가 사라지고 하나의 빛으로 밝아온다
양신이 날아간다
내 안에 우주가 돌아간다

햇살유희

기쁨의 눈물이 유리창에 흘러내린다
해방이다 석방이다 살았다
아우성치며 가슴속에 묻어두었던 외로움이 사라지기 시작한다
평생 쌀배달하면서 꽁보리밥만 먹던 사람 넉넉한 배불림으로 입맛을 달군다
어둡다고 푸념하던 그녀도 내 몸 곳곳을 어루만진다

그녀는 창문을 타고 내 침대 깊숙이 들어왔다
그리곤 발끝에서 손끝까지 애무하기 시작한다
그녀는 내 입술을 더듬더니 나의 은밀한 곳까지 침투한다
아 찌릿찌릿한 전율, 그녀가 풋풋한 우유빛으로 나를 더듬는다
절정의 순간 내 몸은 스르르 풀리고 눈이 감긴다

바람난 그녀는 다른 연인을 쫓아 이동중이다
허기에 굶주린 사랑은 허공을 가로 지르고 꽃박람회장을 점령하고
마침내 산등성이에 안착한다
노을과 마지막 사랑을 하고 이별을 준비하고 있다

대낮에 바람둥이로 돌아치던 그녀는

통정죄로 잠시 유치장에 들어갔다는 소문이다
허지만 다음날 절정의 12시를 기다리는 중이다
밤은 너무 지루해, 되뇌이는 그녀

국립중앙도서관 출판예정도서목록(CIP)
별 세다 잠든 아이 : 2015년 1학기 고려대 평생교육원 엔솔로지 / 지은이: 심상영 외. -- 서울 : 문학공원, 2015 p. ; cm
ISBN 978-89-6577-147-0 03810 : ₩10000
한국 현대시[韓國 現代詩]
811.7-KDC6
895.715-DDC23 CIP2015019461

2015년 1학기 고려대 평생교육원 시창작과정 엔솔로지

별 세다 잠든 아이

초판인쇄일 2015년 7월 15일
초판발행일 2015년 7월 22일

지은이 : 심상영 외
발행인 : 김순진
편집장 : 전하라
디자인 : 김초롱
펴낸곳 : 문학공원
등 록 : 2004년 3월 9일 제6-706호
주 소 : (우편번호 130-814)서울 동대문구 난계로 26길 17호
삼우빌딩 C동 302호 스토리문학사
전 화 : 02-2234-1666
팩 스 : 02-2236-1666
홈페이지 : http://cafedaumnet/yob51
이메일 : 4615562@hanmailnet